# デザインを、経営のそばに。

ブランディングデザインで長く愛されるブランドをつくる

アートディレクター
八木 彩

かんき出版

ICHIKAMI
いち髪
なめらかスムースケア
SMOOTHING CONDITIONER
Kracie
ICHIKAMI
いち髪
濃密W保湿ケア
MOISTURIZING SHAMPOO
Kracie
ICHIKAMI
いち髪
濃密W保湿ケア
MOISTURIZING CONDITIONER
Kracie

クラシエ／いち髪／パッケージデザイン

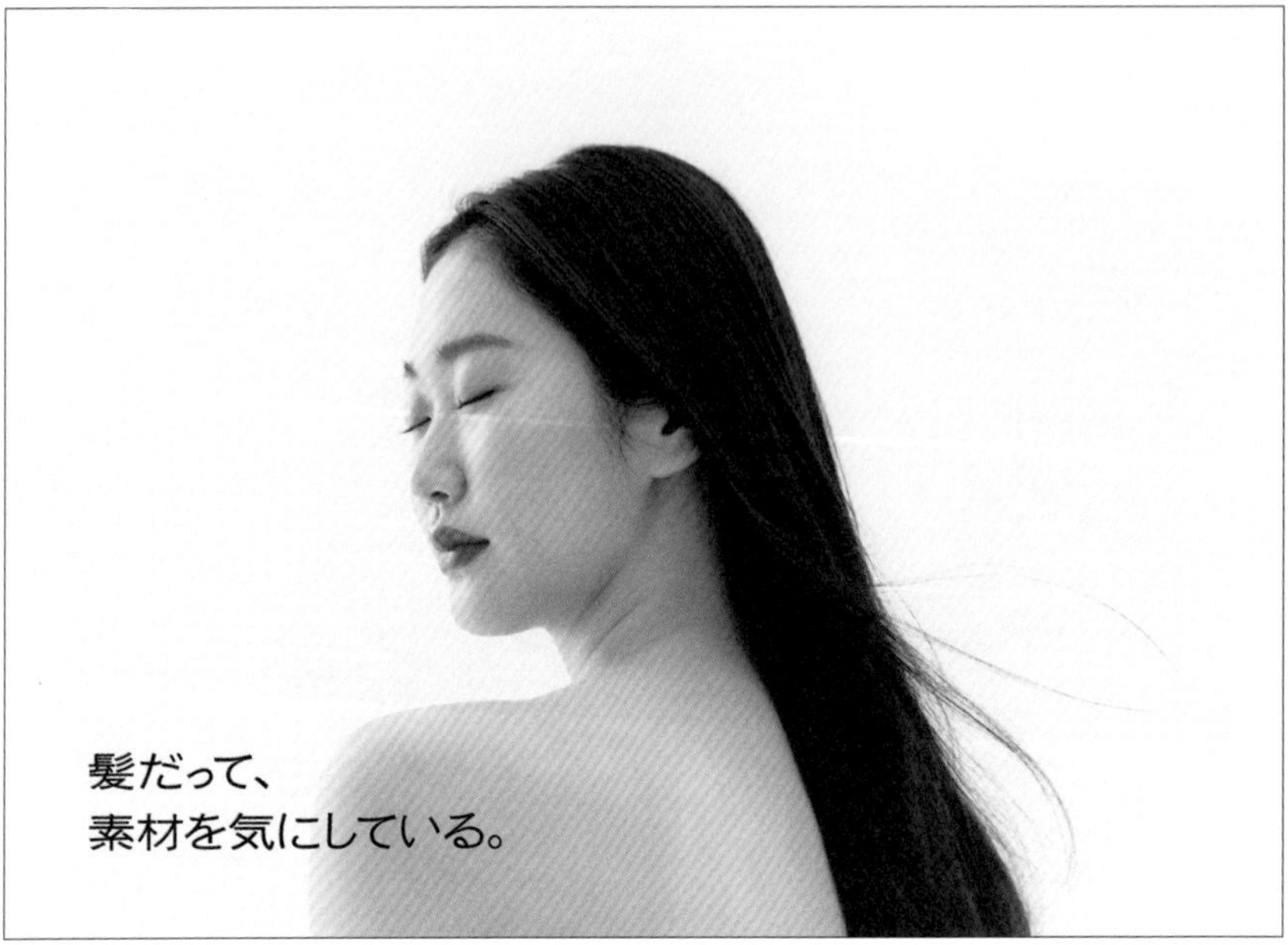
髪だって、
素材を気にしている。

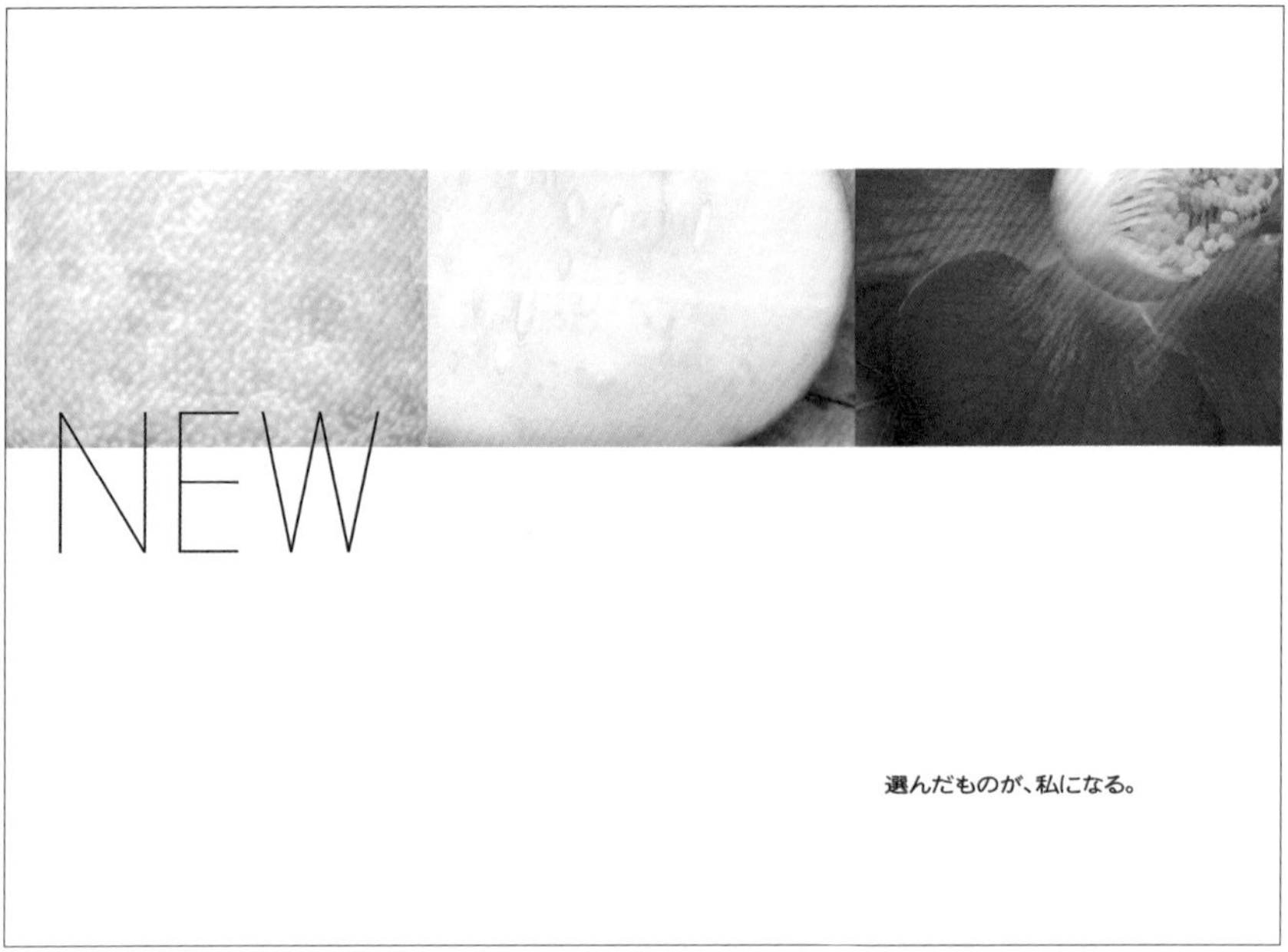
NEW
選んだものが、私になる。

クラシエ／いち髪 ナチュラルケアセレクト／ポスター

髪だって、
素材を気にしている。
NEW

NEW
髪だって、
素材を気にしている。
NEW

クラシエ／いち髪 ナチュラルケアセレクト／交通広告

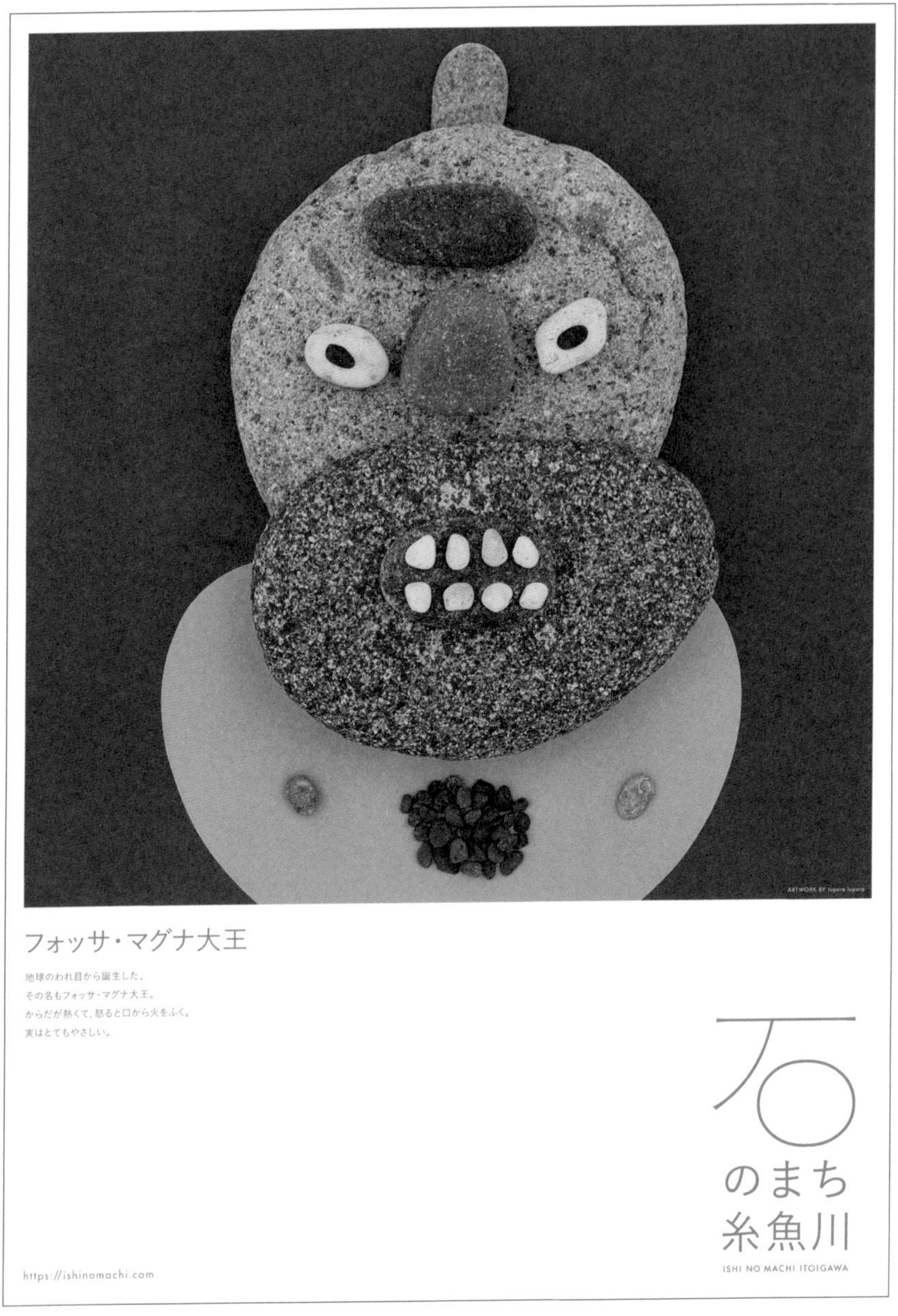
ARTWORK BY lupera lupera
フォッサ・マグナ大王
地球のわれ目から誕生した、
その名もフォッサ・マグナ大王。
からだが熱くて、怒ると口から火をふく。
実はとてもやさしい。
石
のまち
糸魚川
ISHI NO MACHI ITOIGAWA
https://ishinomachi.com

新潟県糸魚川市／石のまち糸魚川／ポスター

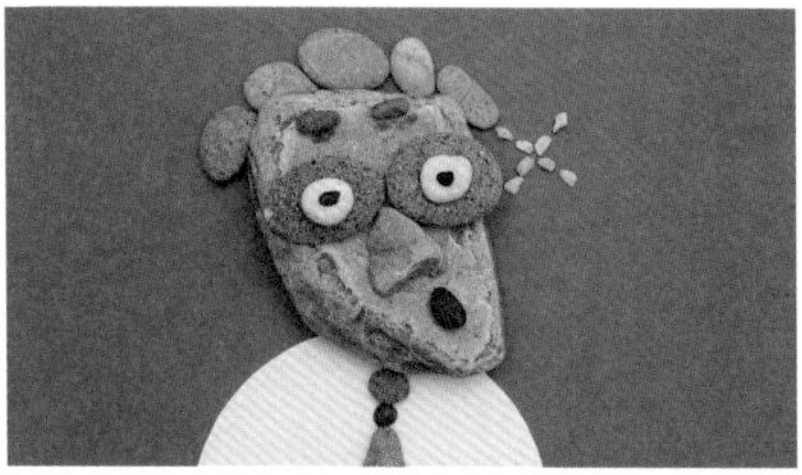

新潟県糸魚川市／石のまち糸魚川／ミュージックビデオ

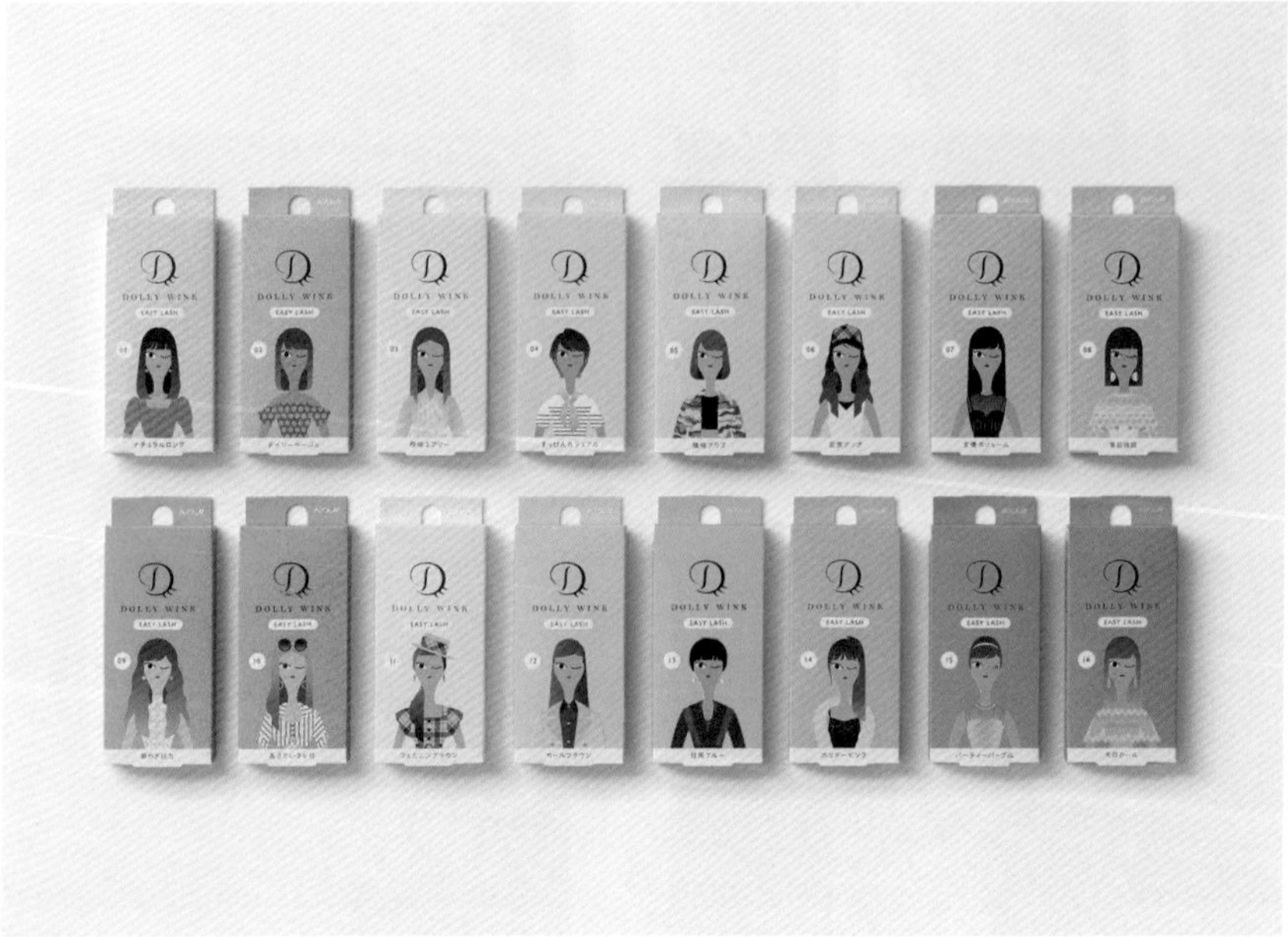


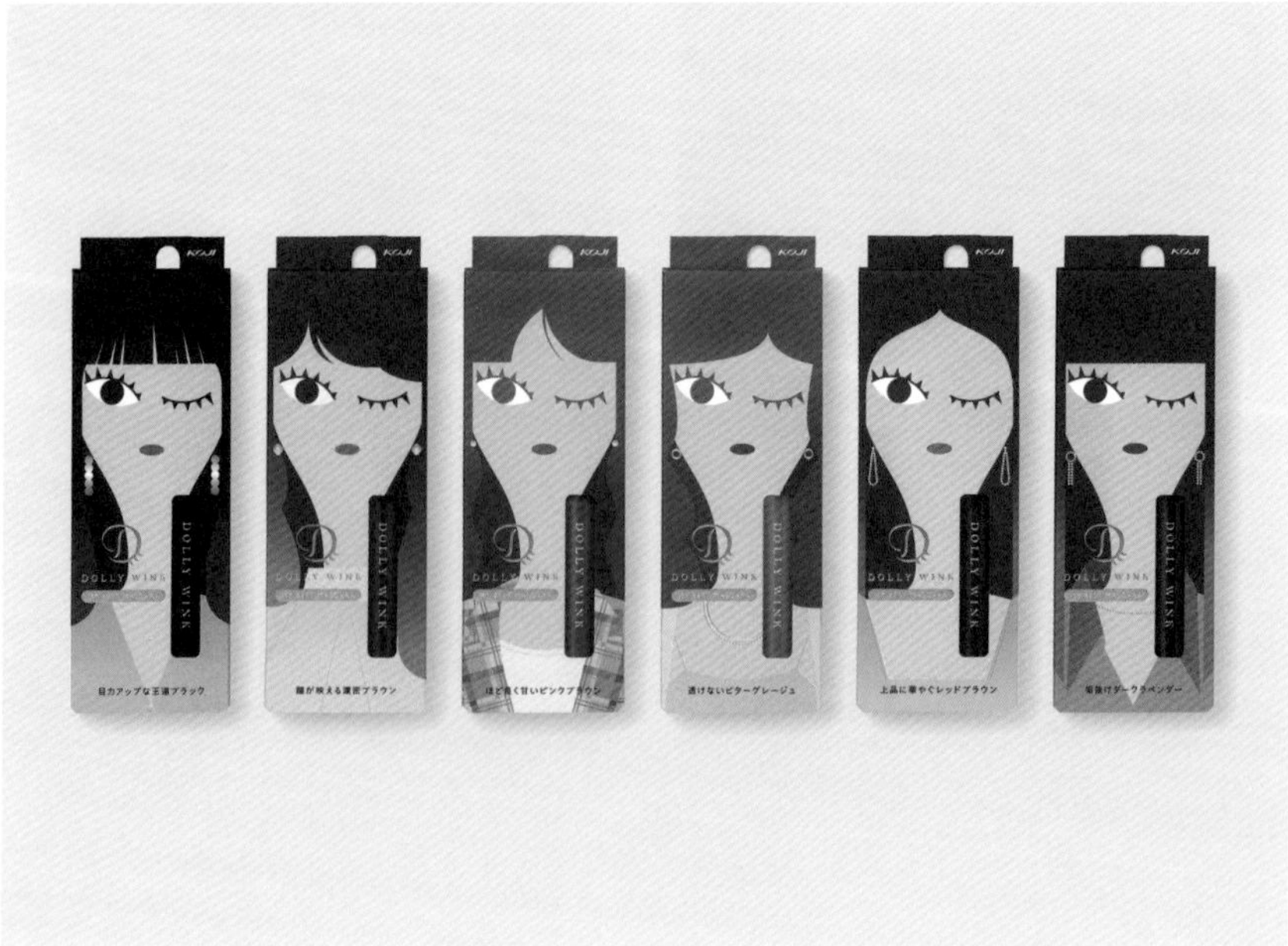


コージー本舗／DOLLY WINK／パッケージデザイン

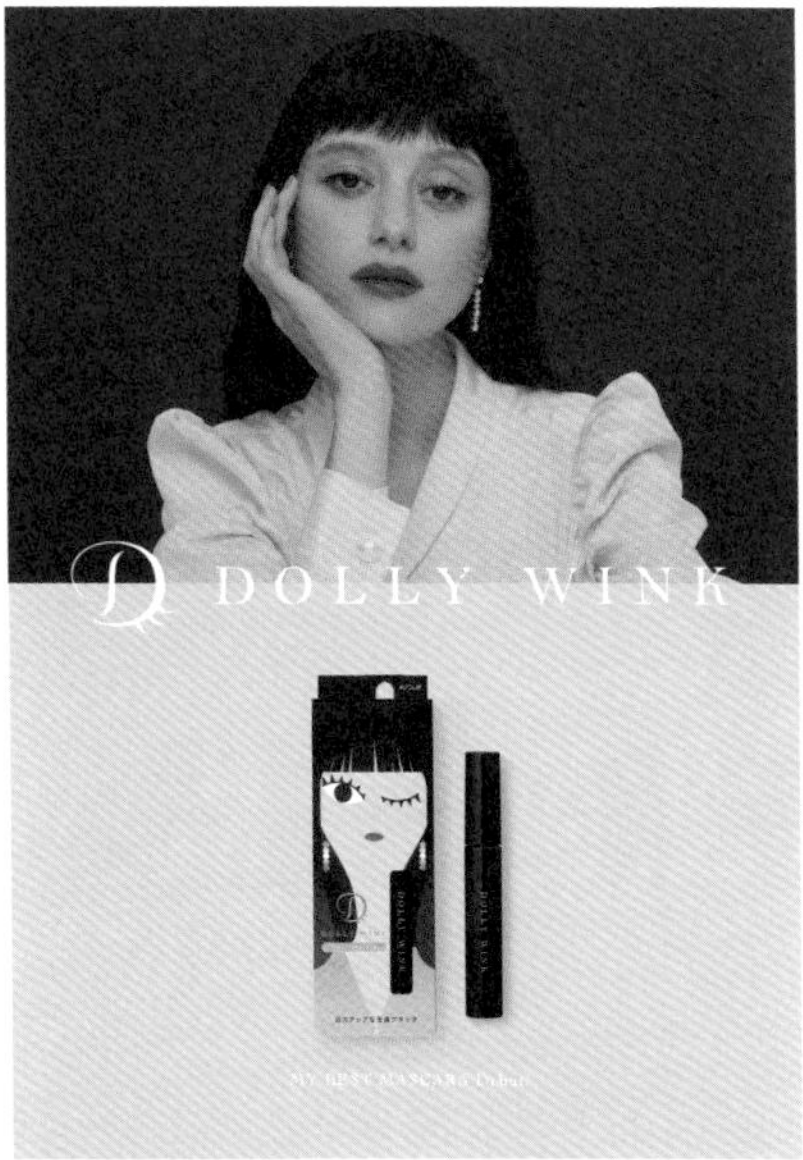

コージー本舗／DOLLY WINK／ポスター

JAPAN
QUALITY
EYELINER

CHEMISTRY. TO CREATE BEAUTY.
CHEMICOS
CREATIONS

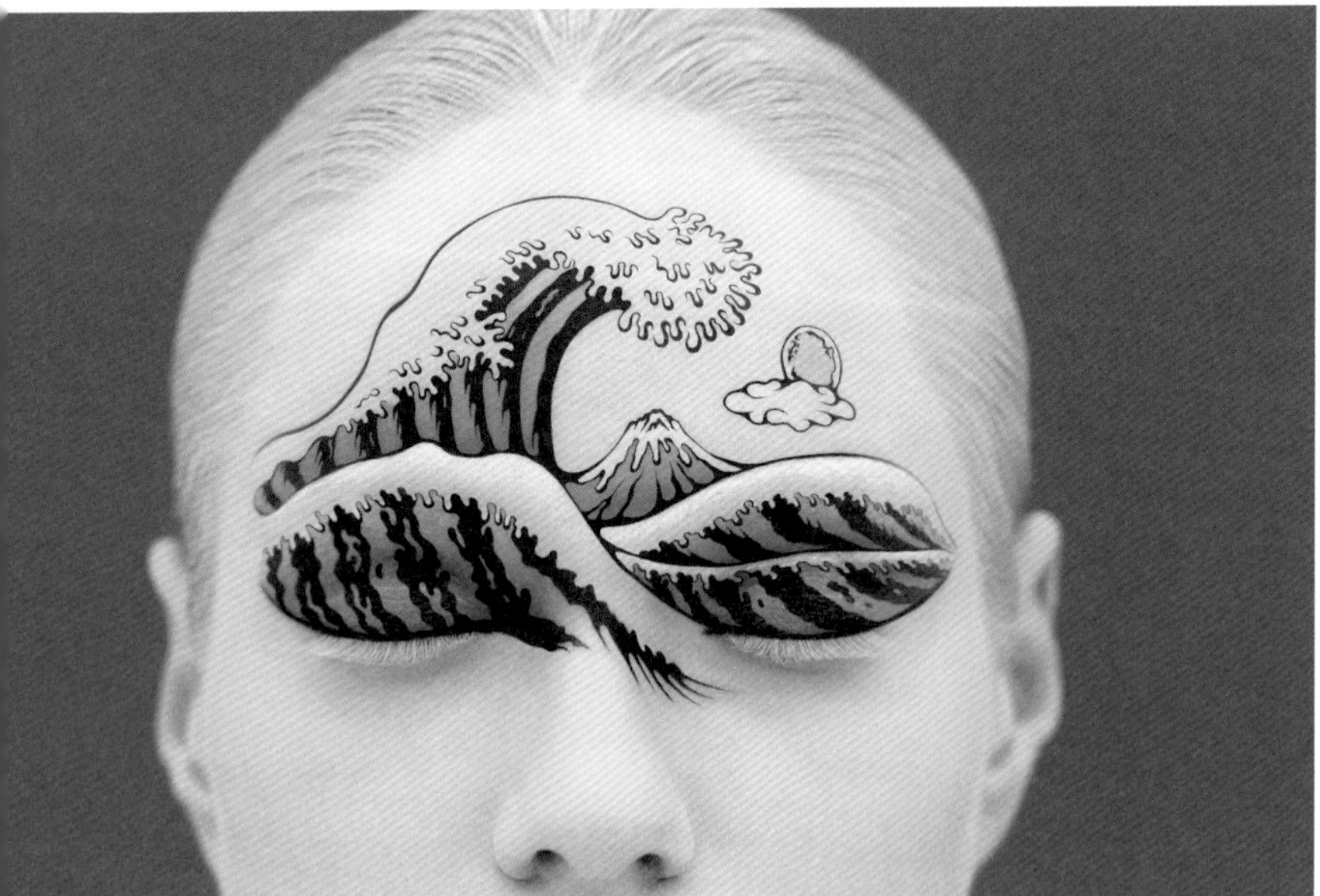

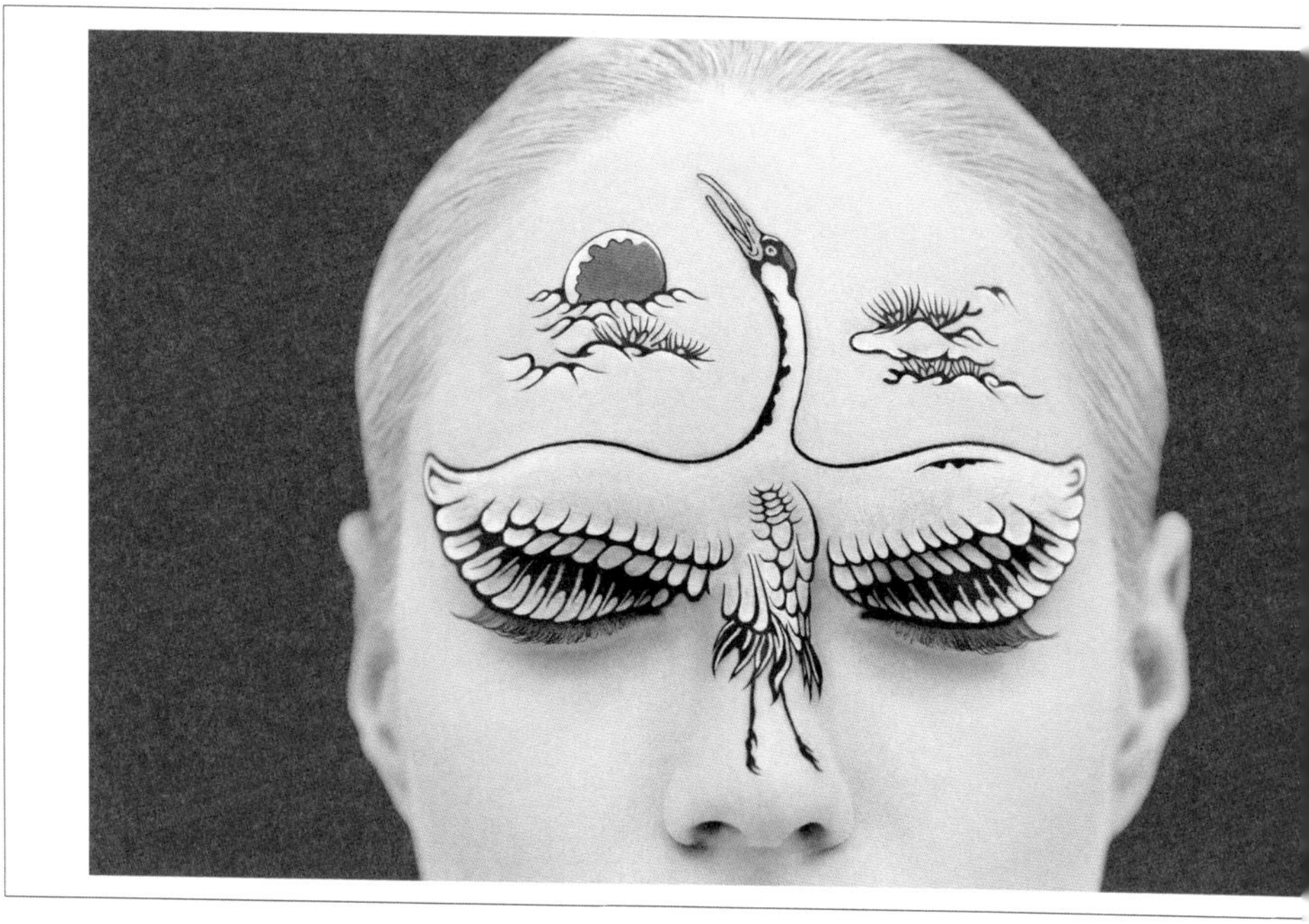

ケミコスクリエイションズ／ポスター

枠にはまらず、
ワクワクしちゃえ!
カーゴバイクで
やって来るたびに思うこと。
この街は、一緒にワクワク
してくれる人がたくさんいる。
楽しい気持ちは人から人
伝わっていくものだから、
自分は、みんなをワクワクさせる
出発点になりたい。
大人だからとか。
ドーナツ屋だからとか。
そんな理屈に縛られないで、
ちゃんとワクワクしなくっちゃ!
まつかわ ひろのり(ドーナツ屋
らしさがうまれる
TAMA
New
TOWN

多摩市・UR都市機構／多摩ニュータウン／ポスター

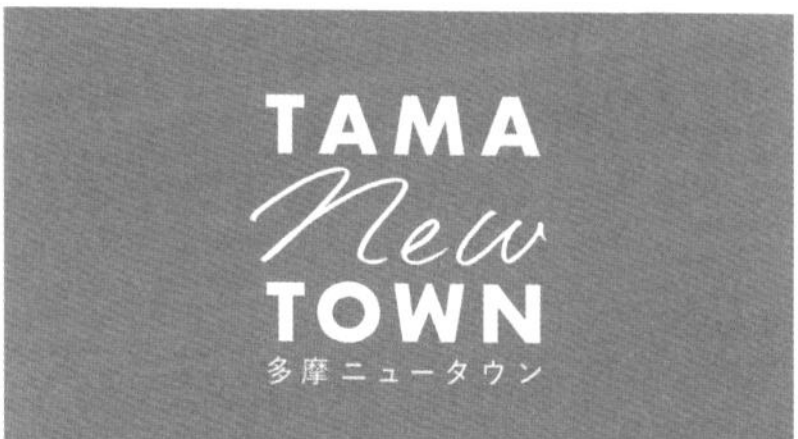

多摩市・UR都市機構／多摩ニュータウン／WEBムービー

# 電通を、
# つかえ。

誰も見たことのない課題を、どう解決するか。
広告はもう、ひとつのやり方でしかない。
もっとワクワクする未来をつくるために、
アイデアのカタチにルールなんてない。

さあ、キミは電通をどう使うか。

個性をどこまでも発揮できる自由が、ここにある。
いくつもの常識を超えてきた先輩たちがいる。
大きな夢を描くほど、世界が広がる出会いが待っている。

荒削りでいい。これまでの電通からはみ出していけ。
その先に、無限の可能性があるのだから。

DENTSU
RECRUIT
2020

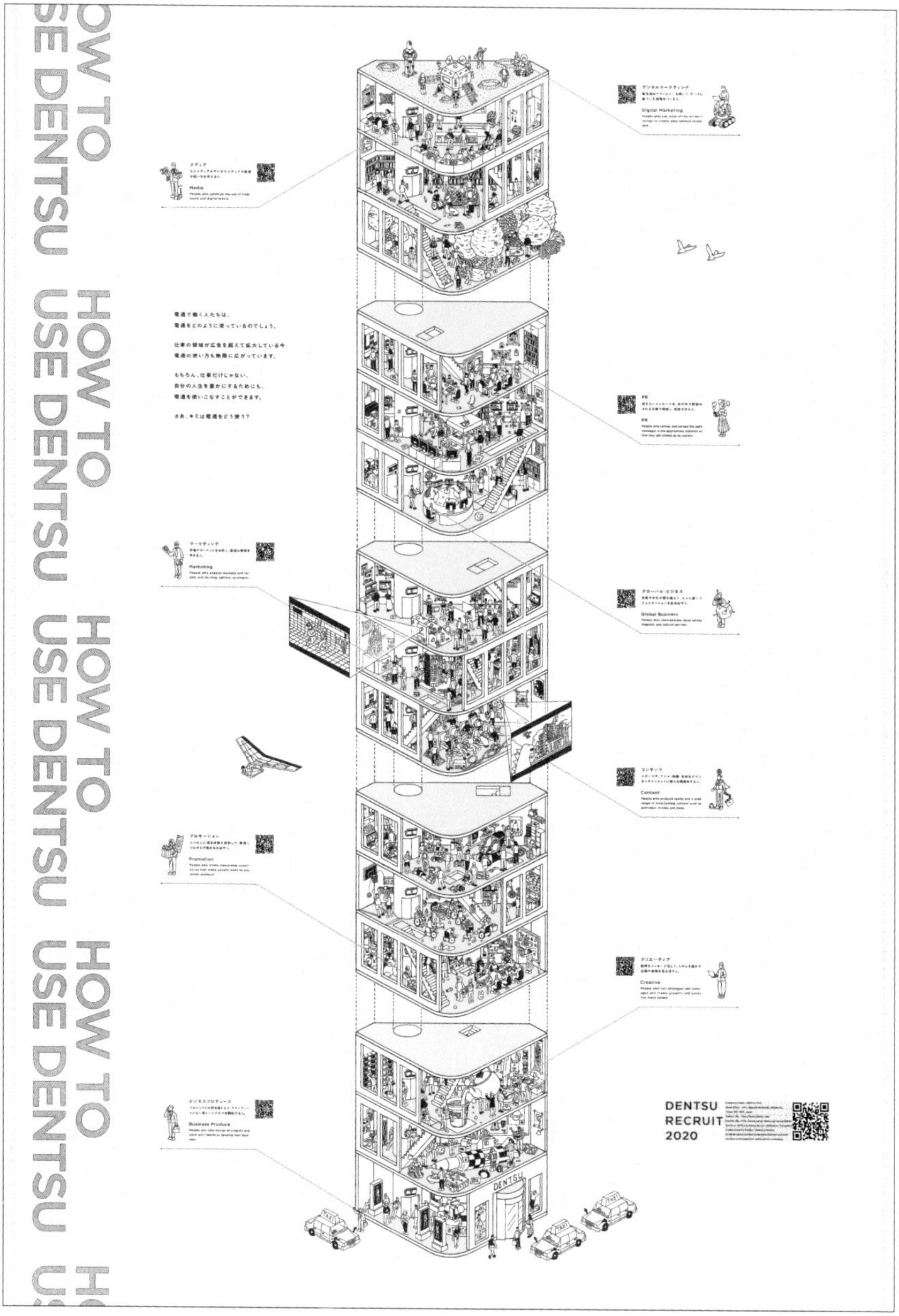


電通／DENTSU RECRUIT 2020／ポスター

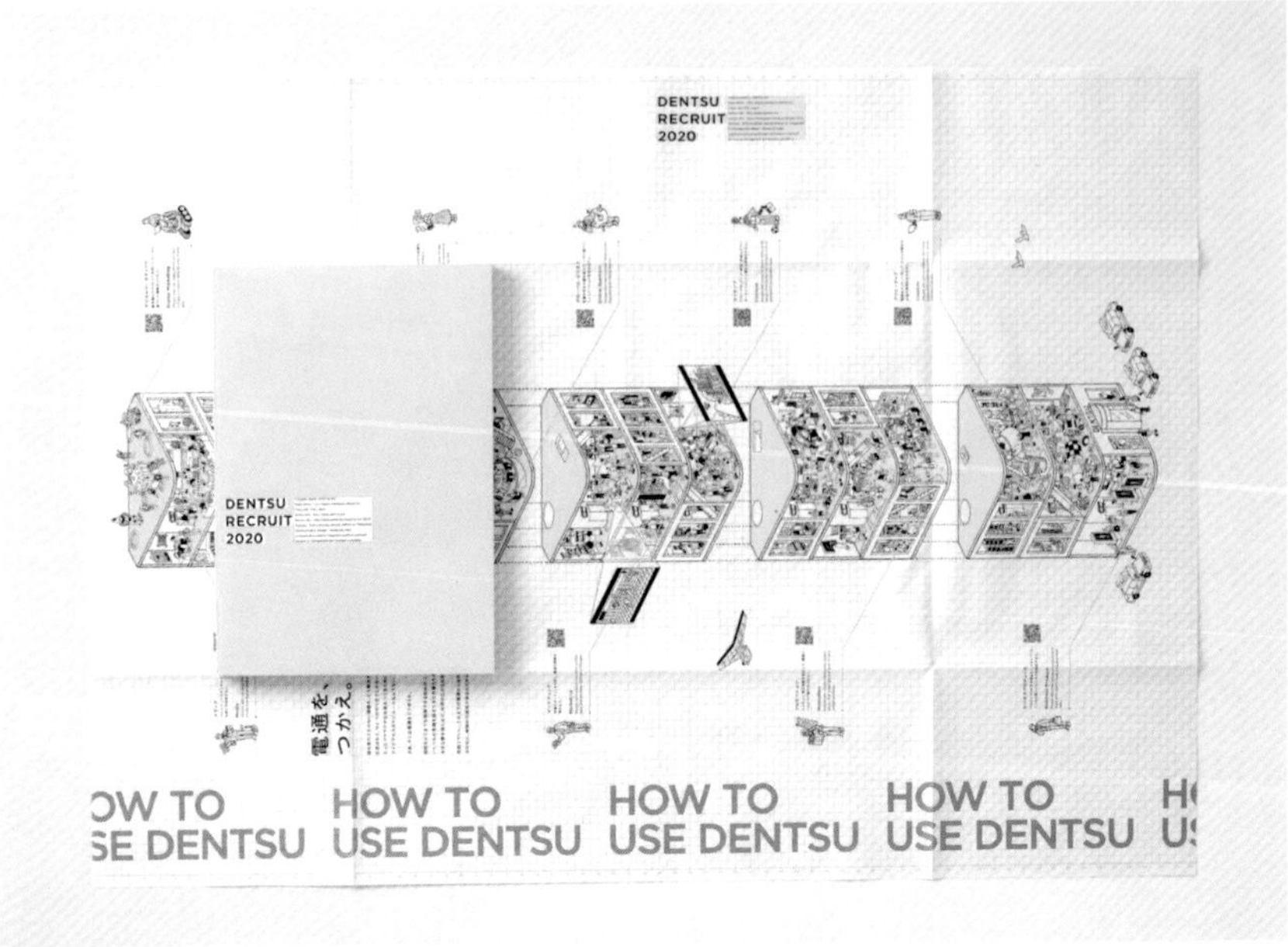


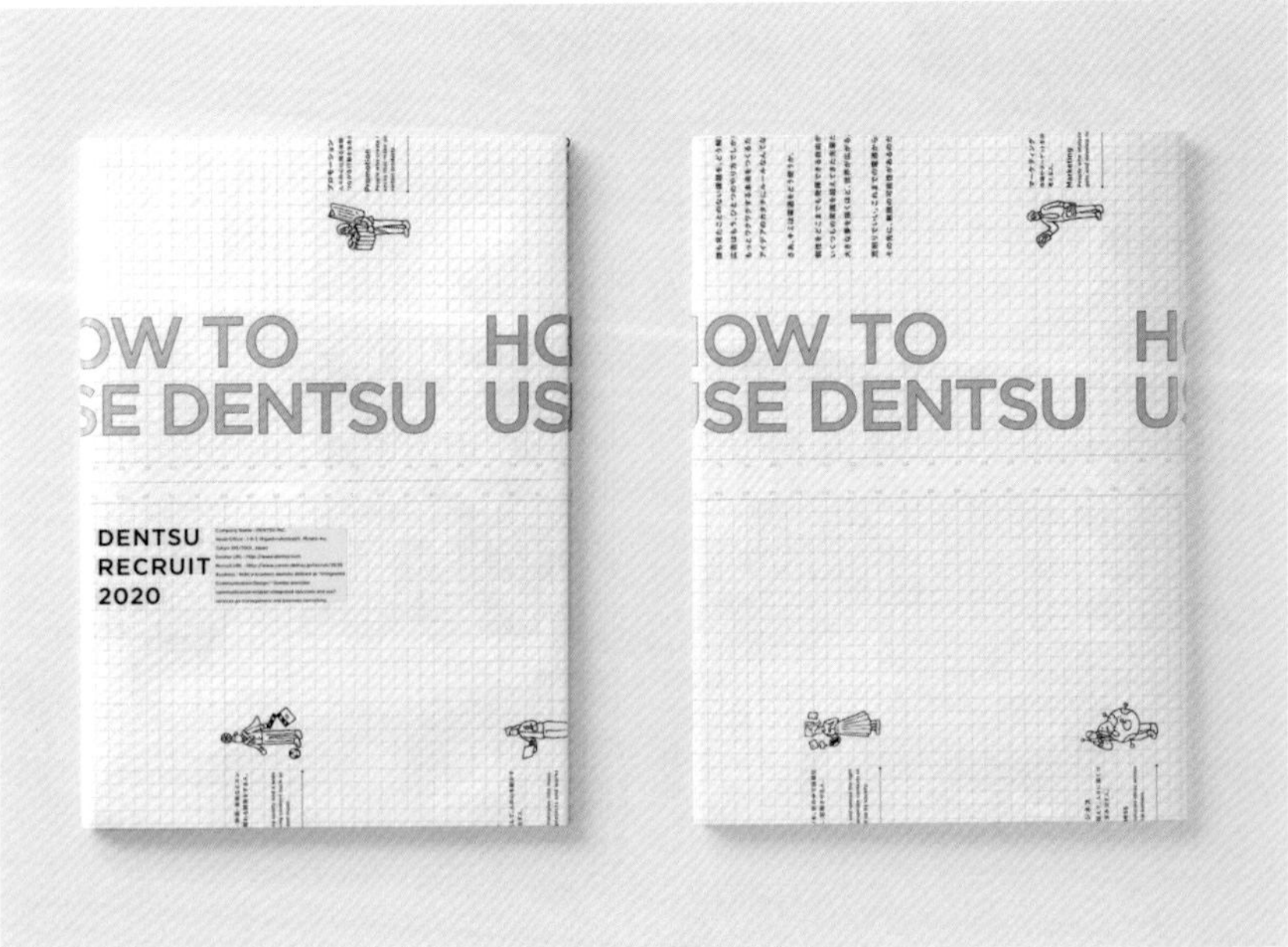


電通／DENTSU RECRUIT 2020／パンフレット

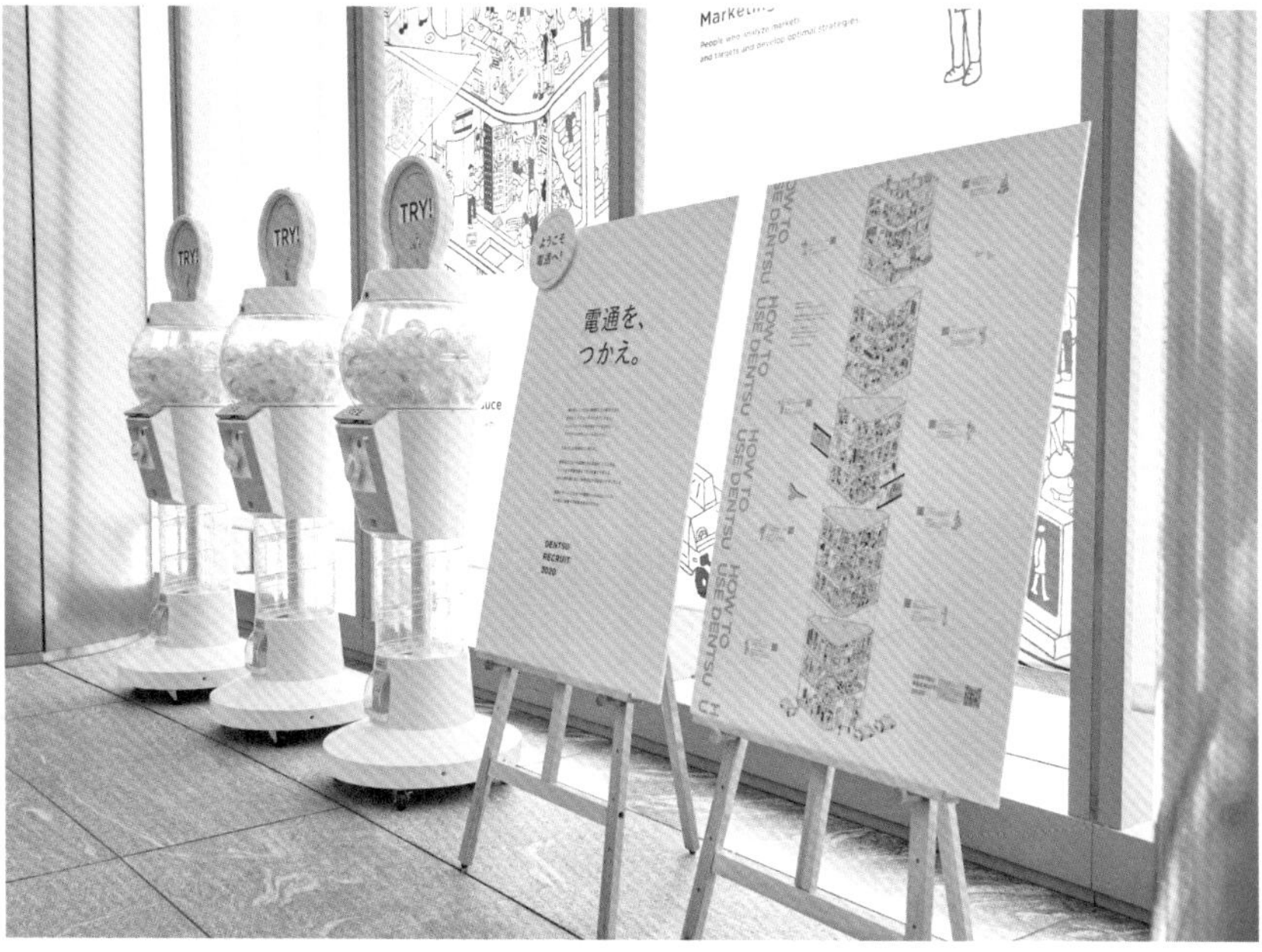


電通／DENTSU RECRUIT 2020／展示

トリコ／FUJIMI／キービジュアル

トリコ／FUJIMI／パッケージデザイン

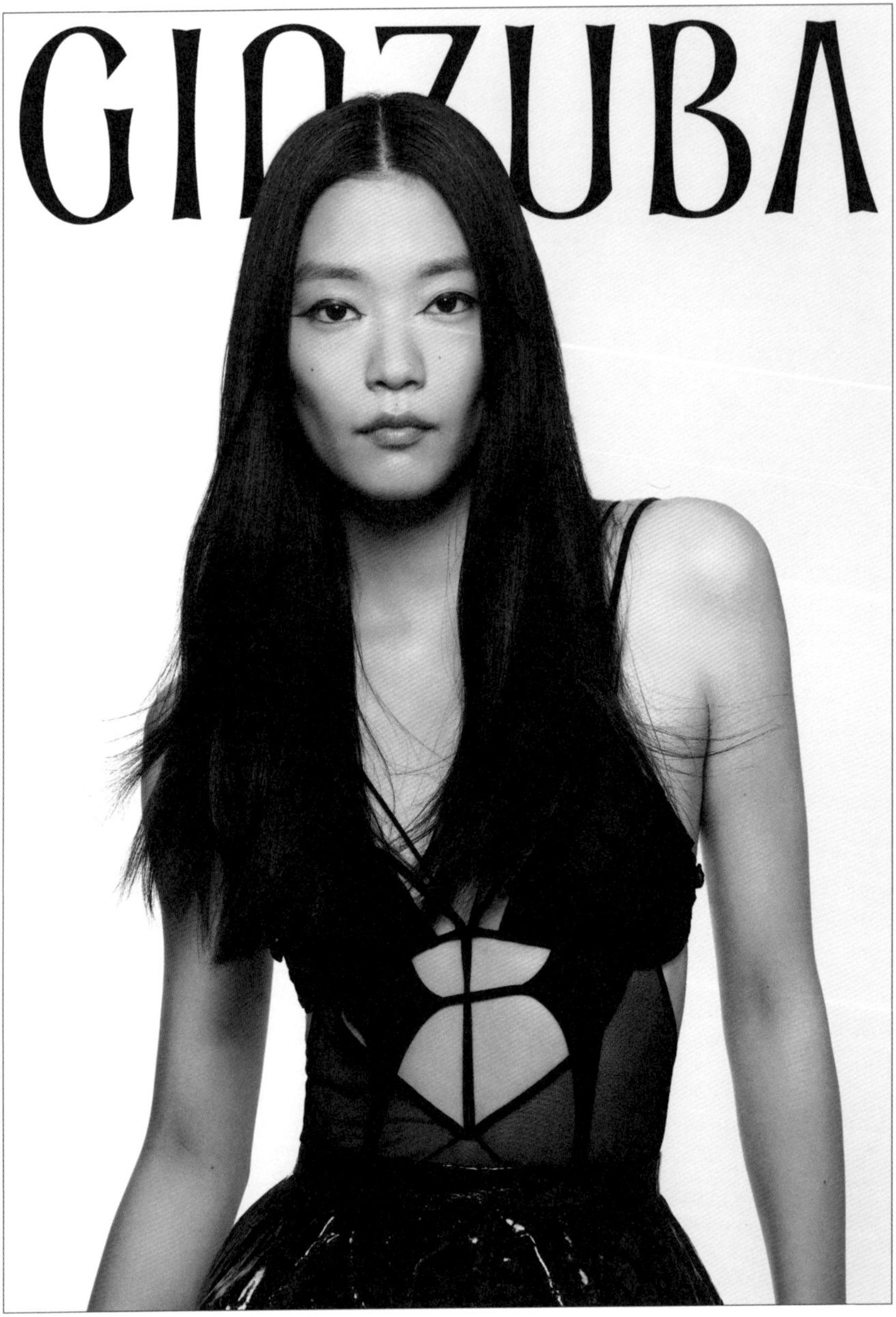


トリコ／GINZUBA／キービジュアル

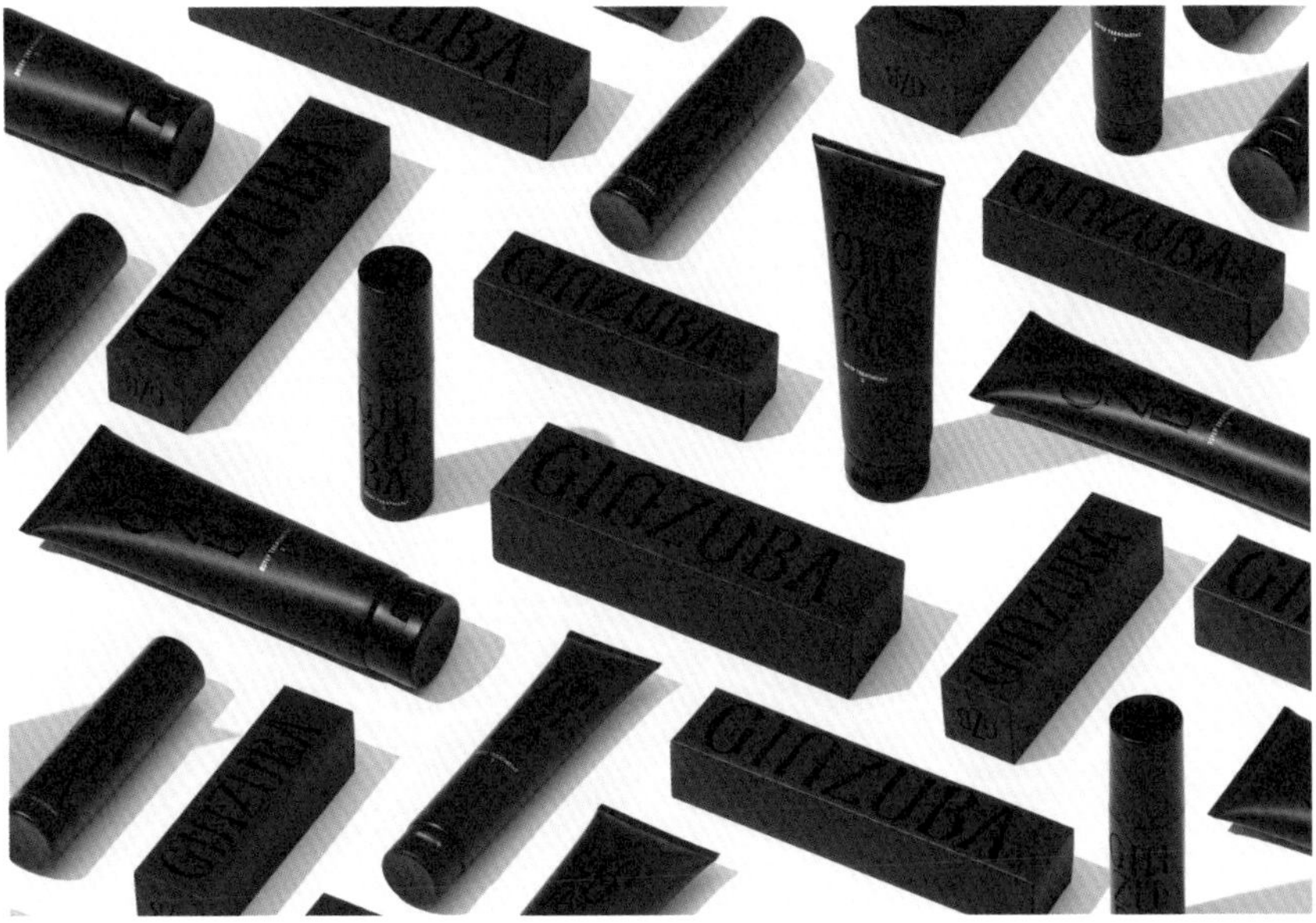


トリコ／GINZUBA／パッケージデザイン

# はじめに

私は約15年間、広告会社のアートディレクターとして、様々な企業の広告制作やブランディングに関わってきました。その間に時代は大きく変化し、企業やブランドが抱える課題もまた変化した、と肌で感じるようになりました。

その変化の中で、試行錯誤しながら組み立ててきた、ブランディングデザインについて体系化し、この本にまとめました。

本書の目的は、「デザインで、ブランドの魅力を引き出すことができる」ということを、皆さまに知っていただくことにあります。

日本の企業には、素晴らしい文化や技術がありますが、それらをうまく伝えることができている企業は多いとは言えません。

「デザインの力を使うことができれば、もっと魅力的なブランドになるのにもったいない」と感じることがよくあります。

ビジネスの現場で上手にデザインを役立てていただけるよう、ビジネスパーソンの皆さまと、デザイナーの皆さまに向けて書きました。

デザインはビジネスに役立つ力なのですが、まだまだ十分に活用されていないのが実情です。この問題を解決するためには、デザイナーがデザインの必要性や使い方を論理的に説明し、プロジェクトに関わる全員が理解できるように伝える必要があるのだと気づき、本書の執筆に挑みました。

本書を手に取ってくださったビジネスパーソンの皆さまには、ブランディングデザインの取り組み方について、できる限りわかりやすく伝えることを心がけました。デザインの業界はまだまだ閉ざされていて、特殊な業界だと思われていますし、言語化が難しい領域なので苦手意識を持たれている方も多いかもしれません。デザイン経営やデザイン思考など、デザインについての方法論が溢れていることも、何から始めていいのかも難しく見えている原因になっているのではないでしょうか。

しかし、パートナーとなるデザイナーを見つけ、上手にデザイナーと付き合うことができれば、デザインはビジネスの大きな力となります。

本書はビジネスパーソンの皆さまにとっての、ブランディングデザインの入門書となることを目指しました。

本書を手に取ってくださったデザイナーの皆さまには、私のこれまでの経験とその中で考えたことをすべて共有するつもりで書きました。

ブランディングデザインは長期間にわたるプロジェクトが多かったり、公になっていない内容が多かったりするため、他のデザイナーがどのような考え方でプロジェクトを実施しているのかわかりにくく、学ぶことが難しい領域です。

そのため、本書では可能な限り、ブランディングデザインのプロセスを細かく共有し、事例の裏側まで紹介できるように努めました。

ブランディングデザインの経験が少ないデザイナーの方も、本書でお伝えするブランドデザインサイクルの五つのステップを辿ることで、必要なプロセスを最低限実施することができるはずです。

また、後半で紹介する実際の事例を通して、ブランドデザインサイクルの活用方法を摑んでいただければと思います。

デザインを上手にビジネスに取り入れることができれば、企業の文化や技術、商品の魅力、経営者の想いなど、目に見えない価値をお客様に伝えることができるようになります。

そうすれば、日本発の魅力的なブランドがもっと生まれるはずです。

日本のビジネスパーソンと、デザイナーの距離が近くなり、よりよい未来を一緒につくるパートナーとなることを願っています。

〈紹介事例について〉

本書で取り上げた事例は、書籍や記事など公に発表されている内容から引用し、紹介しています。時間が経ち、内容に変化が生じている可能性があることをご了承ください。引用元は、注釈として記載しています。

もくじ

第2章

# デザインを知ろう

## 第3章 デザインを使おう

第4章

# ブランディングデザインを体験しよう

カバーデザイン　八木 彩／小木曽 杏子

本文デザイン　小木曽 杏子

図版制作　八木 彩

イラスト　飯尾 あすか

D T P　安田 浩也、野中 賢（株式会社システムタンク）

第 **1** 章

# これからのブランドを考えよう

# 1 過去と現在

## 広告業界を取り巻く変化

私が広告会社の電通に入社したのは2009年のことです。フェイスブックやツイッター（現・X）などのソーシャルメディア（SNS）が普及し始めていたものの、まだまだ一般的ではない時代で、当時はテレビ・ラジオ・新聞・雑誌などのマスメディアが情報の中心でした。

当時と比べると、広告業界を取り巻く環境も大きく変化しました。

私が特に影響を感じている、大きな変化は次の四点です。

### ①伝える手段の多様化

大きな変化の一つ目として、伝える手段の多様化があります。

2009年頃は、四マス（テレビ・ラジオ・新聞・雑誌）と呼ばれる、マスメディアが情報の中心でした。これらは広告費が高額なので、マス広告を発信できるのは一部の大企業に限られていました。

しかし現在は、ＳＮＳなどの普及によって情報発信が手軽になり、小さいブランドや個人のお店も情報を発信することが可能になりました。また、お客様自身が情報を発信することができるようになり、クチコミの力も以前と比べて大きくなりました。ブランドの情報を**お客様に伝えるための手段が、当時と比べて多様化し、選択肢が豊富になった**のです。

## ②商品・サービスの増加

当時は、マスメディアが主な情報源だったため、多くの人がその時々のトレンドを追いかけていました。しかし、現在は全国規模のブームというものは少なく、一人一人が自分の好きなものを楽しむ時代に変わりました。その結果、多様化するニーズに合わせて、様々な商品・サービスが生まれるようになりました。

また、商品・サービスが増加している背景には、テクノロジーの進化により起業のハードルが低くなったことも考えられます。

お店を持たずにＥＣサイトで商品を販売したり、ＳＮＳで広告を配信したりするなど、少ない予算でも新しいブランドを始められるようになりました。

日本でも、若手起業家が増えつつあり、新しい感性を感じる商品・サービスが増えてきています。

**ニーズが多様化したことと、テクノロジーの進化によって起業のハードルが低く**

なったことにより、**商品・サービスの数が圧倒的に多くなりました。**

### ③クリエイティブ制作の民主化

テクノロジーの進化は、クリエイティブ制作の民主化をもたらしました。具体的には、映像制作、画像の加工、音楽制作など、当時は各分野の専門家にしかできなかったことが、誰でも、簡単に編集し、世界に発信できるようになりました。

それを実現したのは、クリエイティブを共有できるＳＮＳや、クリエイティブ制作を気軽に楽しめるソフトウェア、高性能のハードウェアの存在です。

一日の間に目にする映像や写真、音楽などのコンテンツ量が圧倒的に増えたことで、企業が発信したいことをお客様に届けることは、非常に難しくなりました。自分の判断で自由に使うことのできる時間には限りがあるため、この**限られた時間を、様々なコンテンツが奪い合う時代**が始まったのです。

コンテンツが溢れている状況において、広告は存在感を示すことが難しくなっています。

### ④価値観の変化

新しい世代の価値観も、目立ち始めています。ミレニアル世代やＺ世代[1]が、20、30代になり、少しずつ価値観がアップデートされていくのを感じるようになりました。

1 **ミレニアル世代やZ世代**
本書では、米国ピュー・リサーチ・センターの定義に準じ1981年から1996年の間に生まれた人をミレニアル世代、1997年から2012年の間に生まれた人をZ世代と定義しています。

**参考文献**
Pew Research Center.〝Defining generations: Where Millennials end and Generation Z begins〟

この世代は、生まれた時から、モノが豊富にある環境で育っているので、所有することにこだわりが少なく、所有よりも意味を重視すると言われています。また、膨大な情報やコミュニティを選ぶことができるようになったため、多様性を重視し、ジェンダーや社会問題に対しての興味・関心が高いとも言われています。

私自身もミレニアル世代に含まれますが、ここ数年で、値段が安くて便利なものではなく「トップにビジョンがある」「サステナビリティを配慮している」あるいは「造形として美しい」など、本当に意味があると思えるものを、できるだけ長く使いたいという発想に変わってきました。特に、少し奮発した買い物をする際は、「これでいい」と妥協せず、一生付き合えるかをよく考え、調べて買うようになりました。

これからの商品やサービスは、**便利さや値段を追求するだけではなく、意味が求められているの**です。

このように、私が広告会社に入社した2009年から2023年までのわずか15年ほどの間に、これまでの常識が覆されるような変化が次々と起こっています。

## これからのブランドに必要なこと

広告業界を取り巻く環境が変化したことに伴い、アートディレクターとして、企業から求められることも変化しています。

私自身のキャリアに伴う変化もあるので、業界全体の傾向として一概には語れないものの、世の中の潮流は明らかに次に記す方向へ向かっていると感じています。

過去と現在を比較し、これからのブランドに必要なことを整理してみると、以下の四点にまとめることができます。

## ①インパクトからストーリーへ

2009年時点での、広告会社の仕事では、短期的なインパクトを求められることが主流でした。当時の広告の仕事は、クライアント[2]のオリエン[3]から始まることが多く、オリエン資料の中で「広告キャンペーンを実施し、来年の売上を何%上げたい」というように、いつまでに何を達成したいのかが、明確に提示されていました。

しかし、現在はこのように短期的な目標を提示するのではなく、長期的な目線でブランド価値をどう高めていくべきかという相談が増えています。

背景には三つ、理由があると捉えています。

その理由の一つは、ブランドとして一貫性の管理が必要になってきたことにあります。企業から発信するコンテンツの量が増えたため、一貫性を管理することが以前よりも難しくなりました。一時的なインパクトだけを求めると、長期的な目線で見た時

**2 クライアント**
広告会社が担当する広告主のこと。

**3 オリエン**
オリエンはオリエンテーションの略語です。広告会社において は、新規の広告の依頼を受ける際に、クライアントから説明を受ける場のことを、オリエンと呼びます。この時に、商品・サービスの詳細や現状の課題、キャンペーンにかけられる予算などの説明を受けます。

にブランドイメージが崩れてしまう懸念があります。

二つ目は、ブランドの情報発信が、途切れることなく続く、長期的な活動に変わったことが要因として挙げられます。これまでは広告キャンペーンの時期を半年に一度、四半期ごとに一度、などに設定し、時期を区切って情報発信を行っていました。しかし、伝える手段が多様化したため、情報発信は一時期に限られた活動ではなく、毎日取り組むものに変わったのです。

三つ目には、お客様自身が情報を発信できるようになったため、クチコミの重要度が上がったことが挙げられます。共感してもらい、ブランドのファンになってもらうことができれば、クチコミによって大きな広がりが期待できるようになりました。ブランドのファンになってもらうためには、一時的なインパクトではなく、ブランドのストーリー（＝思想）を愛してもらう必要があります。共感を得られるかどうかが、ブランドとして大切な要素になりました。

これらの変化を受けて、**短期的なインパクトから、ブランドとしてのストーリーが求められる**ようになってきているのです。

### ②独自性の可視化

一人一人の好みに合わせた多様な商品・サービスが生まれているため、無数のブランドの中で、埋もれないことが重要になりました。

かつては、そもそもの選択肢が少なかったため、お店に並べてもらうことができれば、ある程度の売上を見込むことができました。

ですが、今は、ウェブサイトなどで、自分の好きな商品・サービスを、どこでも、いつでも買うことができるようになったため、代替可能な商品・サービスは、生き残ることが難しくなりつつあります。

「これでいい」ではなく「これがいい」と思ってもらうことが、これからのブランドに必要なことです。そのためには、自社ブランドの強みや魅力を発見し、デザインや言葉で目に見えるようにすることが必要です。**他のブランドにはない、ブランドの独自性を可視化する**ことが求められています。

## ③専門型から共創型へ

クリエイティブ制作の民主化により、あらゆる人が画像や映像などの制作ができるようになったため、自社内で他の業務の合間にクリエイティブ制作を担うケースなども増えてきています。その結果、デザイナーという職種の技術力や専門性の差が広がっています。

ブランドから発信するコンテンツの量も増え、大きなブランドになると、何十人ものデザイナーがいるケースもあります。このような状況においては、一人一人のデザイナーが個別に作家性を発揮し始めると、ブランド全体として見た時にブランドがバラバラになってしまいます。

ブランドの思想と世界観に一貫性をつくるためには、一つ一つの制作物の品質を高めるだけではなく、ブランド全体を管理するシステムを構築し、関わるデザイナーが全員でブランドを共創できる状態をつくることが必要です。

ブランドに関わるすべての**デザイナーが連携し、ブランドを共創する**時代になってきているのです。

## ④表層から根幹へ

「所有より意味を求める」という価値観の変化に伴い、ブランドも「誰が、どのような思想で、何のためにつくったブランドなのか」が問われるようになりました。

消費の傾向が、所有から意味に変化した背景には、消費の成熟化があると言われています。

かつては日本もモノが足りない時代があり、商品やサービスの機能的な価値で、生活が豊かに変わっていきました。しかし、現在は、生活に必要なモノはほぼ行き渡り、これ以上の利便性を追求することが難しくなっています。

そのため、機能性だけでは得ることができない、体験や経験、そしてブランドの持つ意味が問われるようになったのです。機能的な価値だけではない、情緒的な価値が求められるようになりました。

ブランドの根幹にある思想は短期間でつくることはできませんし、上辺だけを取り繕ってもすぐに見破られてしまいます。「サステナビリティへの向き合い方」「地域貢献」「ダイバーシティ」「歴史・文化伝承」など、**ブランドとしての社会貢献的側面を明確にし、存在意義を持って運営していく**ことが求められているのです。

かつてはブランドと言うと、贅沢品だと捉えられている時代もありましたが、今の「ブランド」とは必ずしも贅沢を意味しません。

見た目が豪華で美しいことよりも、ブランドの根幹にある思想に価値が見出される時代に変わったのです。

## 2 過去の経験

### 広告会社での15年間

それでは、一旦ここで、私の個人的な経験についてお話しさせてください。

私自身がどのような経験を経てきたのかと、なぜデザインの言語化に挑戦することになったのかを、実体験をもとに説明したいと思います。

私は、武蔵野美術大学でデザインを学び、アートディレクターとして電通に採用されました。広告会社におけるアートディレクターは、商品やサービスのコンセプトをもとに完成イメージを考え、デザイナーを統括し、ビジュアルの企画・制作を担当する仕事を担当します。

入社して半年ほど研修を受けた後、先輩の下で、様々な広告キャンペーンの仕事に参加するようになりました。

当時はまだまだ、マスメディアが中心の時代。多数のチームメンバーで、テレビCM中心のコミュニケーションを考えるのが、当時の王道キャンペーンでした。

広告キャンペーンのクリエイティブチームは、クリエイティブディレクター[4]、コピーライター[5]、アートディレクター[6]など各分野の専門家で編成されます。

クライアントからオリエンで相談された課題を解決するアイデアを全員で徹底的に考えます。

テレビだと15秒。雑誌だと1ページ。

当時の広告は、情報を凝縮し、いかに広告としてのインパクトをつくることができ

**4 クリエイティブディレクター**
クリエイティブ（この場合は広告キャンペーン）の責任者。テレビCM、ポスター、デジタル施策など、様々な広告施策の方向性の提示と、制作の舵取りを担う存在です。現在は担う役割がさらに広がっています。クリエイターの詳しい説明は、第2章「3 言葉を知ろう」（P66からP96）で詳しく説明します。

**5 コピーライター**
ブランドから発信する言葉を考案する職種。広告キャンペーンの、キャンペーンコンセプトや、ブランドのステートメント、キャッチコピーなど、広告における言葉を開発します。

**6 アートディレクター**
ブランドのビジュアルを考案し制作する職種。広告のキービジュアルや、テレビCM、ポスターやウェブサイトなどのビジュアルを開発します。

るかが重要でした。今のようにSNSの力も大きくなかったので、考えるべきことは今と比べてとてもシンプルでした。15秒もしくは1ページで、どうインパクトをつくるのか。

限られた枠の中で最大の効果を出せるか、ということをひたすら考え、アイデアを出す日々でした。

制約のある中で、デザインと言葉を研ぎ澄ませていく技術を学びました。

がむしゃらに働いていた20代でしたが、入社して7、8年ほど経った頃から、世の中の変化を少しずつ感じるようになります。

これまでの仕事の流れや、目標設定では、解決できない問題を感じるようになり、根本的な仕事との関わり方を変える必要があると思うようになっていきました。そこで、「オリエンを受けて広告を制作するのではなく、広告よりもっと手前から関わることはできないか」と考え、ブランディングの自主提案をするようになりました。

こうして私の仕事は、広告制作から、ブランディングの仕事へ徐々に変わっていくことになります。広告会社の中で、このような働き方は前例が少なく、新しい働き方を開拓する必要がありました。

このような仕事の関わり方への変化を受け、電通社内の横断組織「Future Creative

〈当時のクリエイティブチームの例〉

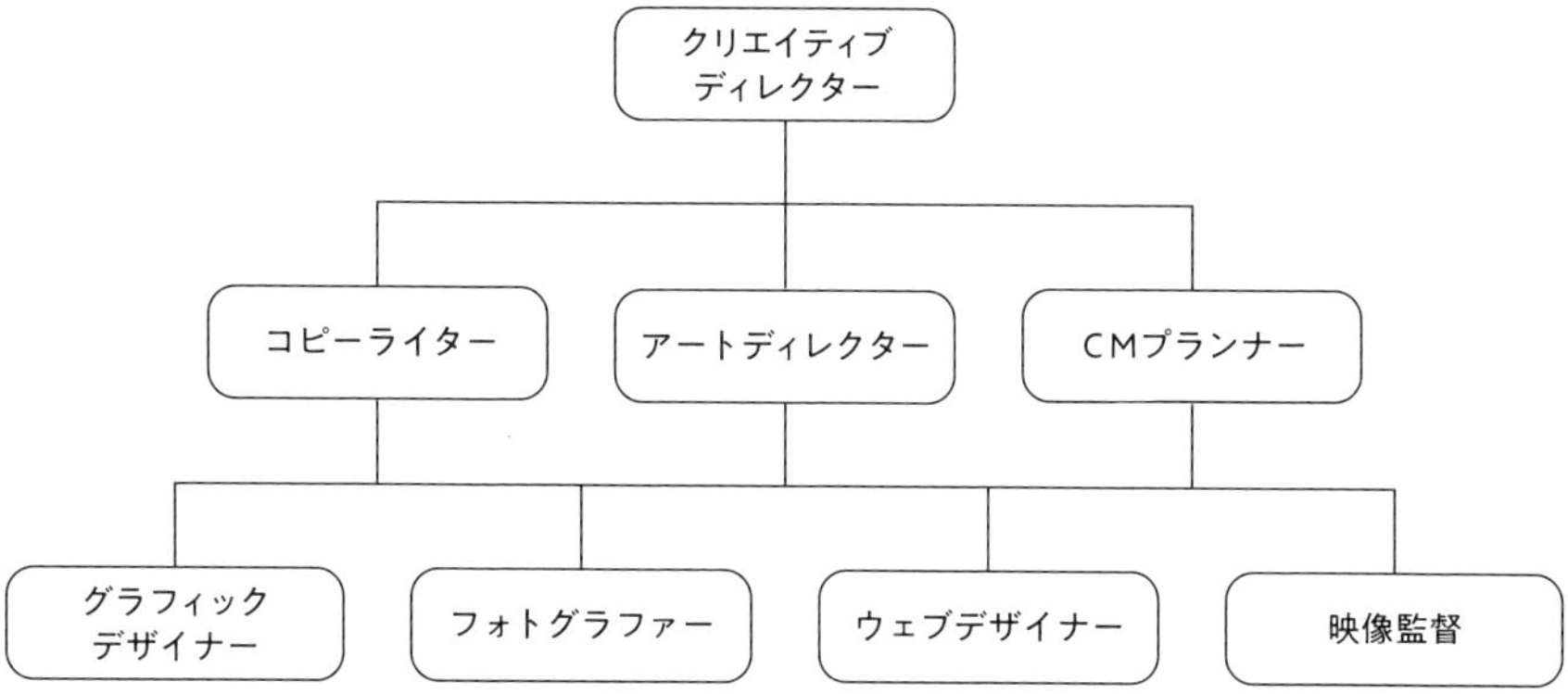


クリエイティブディレクターを中心に、
様々な専門家と連携して広告キャンペーンを制作する

Center」というチームに配属されました。Future Creative Centerは、広告の枠を超えて、未来づくりの領域をクリエイティブでサポートする集団です。私はここで、ブランディングデザインの専門家として、ブランドの本質的な価値をつくる経験を重ねていきました。

　このチームに所属してからは企業の経営者と向き合うことが増え、「経営にデザインをどう活かすことができるか」を考える機会が増えていきました。また、様々な経営者の思想を知ったことで、「企業というものは人の集合であり、データや分析だけで成長させられるわけではない。正解があるものでもなく、経営者の数だけ答えがある。経営には創造性が必要で、これまで学んだクリエイティブやデザインの力が、必要な領域なのだ」という気づきを得ることができました。

情報もモノも飽和し、コモディティ化[7]が加速しています。その結果、ブランドに求められることも大きく変化しました。ただ、この流れは、悲観的な状況ではなく、**ビジネスにおけるデザインの果たせる役割が大きくなった**ことを意味すると私は捉えています。

しかし現実的には、ビジネスにデザインを実装することが難しい、という実情もよく理解しています。

デザインという領域は、専門性が高く理解が難しいものだと捉えられていて、「よくわからないから、どう使っていいのかわからない」というのが多くのビジネスパーソンの本音だと思います。

この問題を解決するためには、デザイナーがデザインの必要性や使い方を論理的に説明し、プロジェクトに関わる全員が理解できるように伝える必要があるのだと気づきました。

前節ですでに説明した、「これからのブランドに求められること」には、デザイン

**7 コモディティ化**

市場に参入する時は価値の高かった商品・サービスが一般化し、優位性を失って、一般的な商品・サービスになること。コモディティ化が起きると、「どの商品・サービスを選んでも大差がない」という状態に陥ります。

はとても役立つ力です。デザインを論理的に説明し、ビジネスとデザインの距離を近づけたい、という想いから、本書の執筆に取り組むことになりました。

それでは、ここからデザインを使って、「これからのブランドをどうつくるのか」について解説していきたいと思います。

# 3 これからを考える

## 目標を見直す・「売る」から「好き」へ

これからのブランドにとって、見直さなければならない点が二つあると考えています。一つは「目標」、もう一つが「方法」です。

まずは、「目標」の見直しから説明していきます。

現代の情報量は膨大ですが、自分の判断で自由に使うことのできる時間には限りがあります。その情報が必要かどうかを判断されてしまう、ほんのわずかな時間の間に、

「気になる」と思ってもらえなければ、深く知ってもらう機会すらつくることができません。

選択肢が細分化し、処理できる情報量を超えている状況の中で、気になってもらい、「知りたい」「欲しい」と思われるブランドをつくるにはどうすればいいのでしょうか。

私は「好き」という感覚的な直感にヒントがあると考えています。

感覚的な判断は数値化しづらいため、論理的ではないと考えられることがよくありますが、日々の生活をつぶさに観察してみると、「好き」かどうかの直感的な判断が積み重なっていることに気づくと思います。インスタグラムで、好きだと思うブランドをアーカイブしたり、好きだと思うお店でランチをしたり、好きだと思うインフルエンサーの動画を見たり。

日々のあらゆる選択は、論理的思考よりも、「好き」だと思う感覚的な思考で判断していることが多いはずです。

「好き」だと思ってもらえれば、ＳＮＳによってファンが自発的に情報を広げてくれるようになりました。広告費を莫大にかけなくても、商品やサービス自体に魅力があれば、人から人へ広がっていく時代です。

いかに「好き」のスイッチを押すことが大切か、理解できるはずです。『ハーバードの美意識を磨く授業』の中でも、感覚や感情が、購入の大きな動機になることが紹介されています。

消費者が購入するかどうかを判断する際、その動機の約八十五パーセントを占めるのは、製品やサービスに対する感覚や感情（感性）だ。製品の特性や機能を意識して、合理的に下している判断は、十五パーセントに過ぎない。しかし皮肉にも、多くのマーケティング担当者は製品の特性や機能を宣伝することに、ほぼ一〇〇パーセントの力を注いでいる。

――ポーリーン・ブラウン『ハーバードの美意識を磨く授業 AIにはつくりえない「価値」を生み出すには』（三笠書房、2021）

よって、**「売る」ではなく、まずは「好き」をつくる**ことを目標にしてみてはどうでしょうか。

ビジネスにおいて、目標を売上に置くことが通常ですが、売ることを目標にした瞬間、「値段を安くする」「機能を増やす」「開発過程の無駄を省く」というような、数字で分析可能な、失敗の少ない手法を選びがちになります。そして、様々なことを数値化し、論理的に分解し理解しようとする力が働きます。

しかし、この方法では「売る」ことは達成できても、「好き」をつくることはできません。企業が向き合っているのはＡＩではなく、生きた人間です。人間は論理的な思考だけで生きているわけではありません。私たちは日々のたくさんの選択を、自分の五感を通じて判断しています。

例えば、フェラーリやポルシェなどの高級車は国産車の何倍もしますが、高級車には固定のファンが存在していて、ビジネスとして成立しています。フェラーリが欲しい人にとっては、他の車では代替できないのです。

ハイブランドのバッグや、ジュエリーも同様で、エルメスのバッグが欲しい人にとっては、他のブランドのバッグでは代替できません。「これでいい」ではなく「これがいい」をつくり出せているいい例だと思います。

「これでいい」を目指している限り、機能と価格の競争から抜け出すことができません。しかし、他のブランドに代替できない存在であれば、競争する必要がなくなります。強烈に「好き」だと思ってもらうことができれば、ライバルと競争するのではなく、独自の存在になることができます。

これからの時代、目指すべきなのは、一番になることではなく、独自の存在になることなのです。

モノの価値は、「**機能的価値**」と「**情緒的価値**」の二つに分解することができると言われています。

〈情緒的価値と機能的価値〉

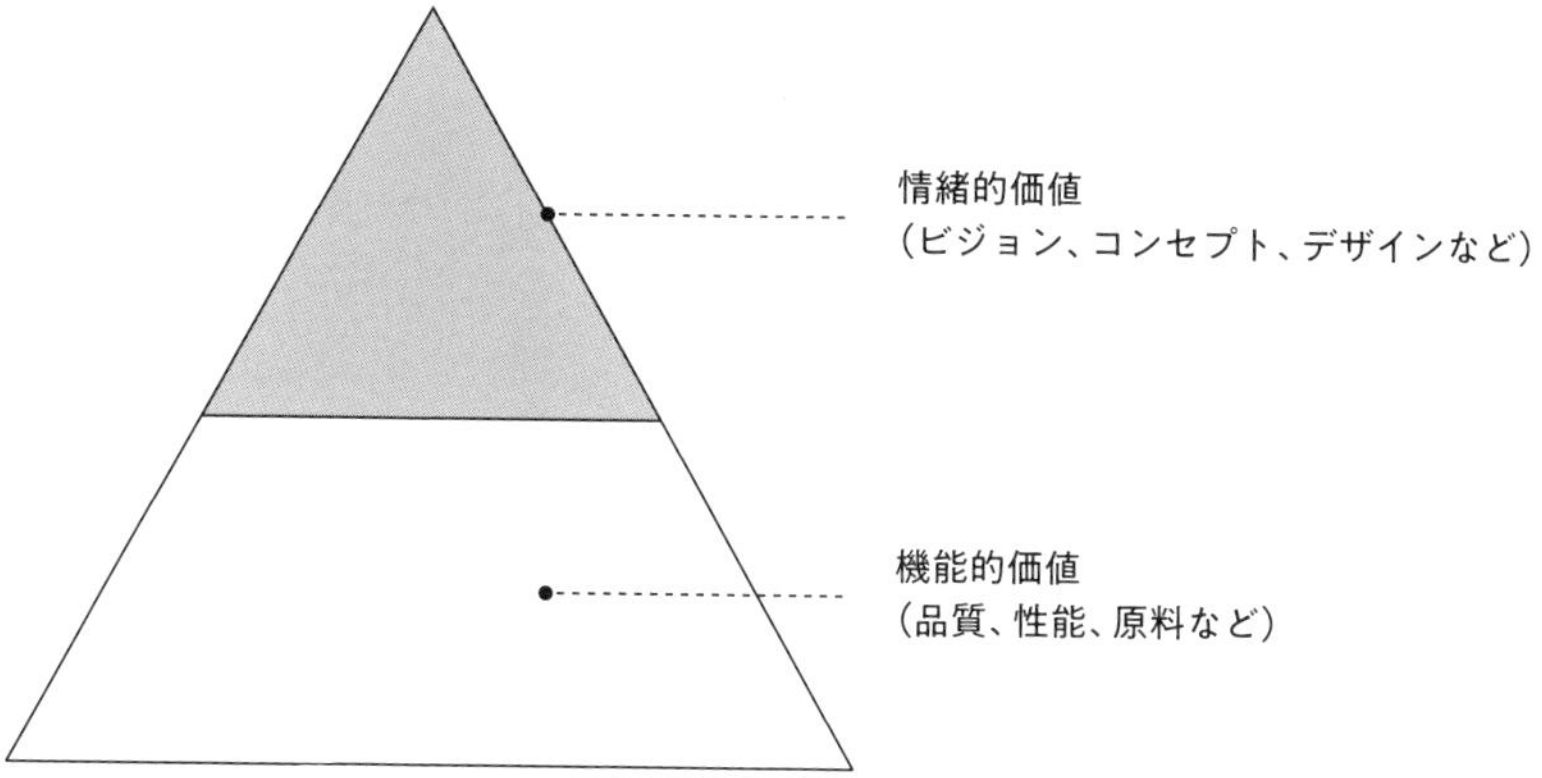


機能的価値とは、例えばバッグだと、「荷物がたくさん入る」「ポケットがついていて整理しやすい」「耐久性がある」などの機能の部分です。

一方、情緒的価値とは、「企業のビジョンに共感できる」「デザインがオシャレである」などの感情に訴える部分です。

機能的価値は、必ず必要でモノの価値の土台になります。機能が優れていなければどれだけ情緒的価値を高めても限界がありますが、機能は簡単に真似しやすい部分でもあります。

対して、情緒的価値は創造性が必要で、真似が難しい。

言い換えると、真似が難しいからこそ、独自性をつくりやすい部分だと言えます。そしてこの「情緒的価値をつくること」が、『好き』をつくること」につながります。

この時、注意していただきたいのは、「好き」をつくることは、「売る」ことをやめるという意味ではない、ということです。「好き」だから買う（＝ファンになる）状態をつくることで、**売るのではなく、売れる状態を目指す**ということです。

## 方法を見直す・ブランディングデザインが有効

「好き」を生み出し、「これがいい」と選ばれる商品をつくるためには、デザインを取り入れたブランディング、いわゆる「ブランディングデザイン」が有効だと考えています。

ブランディングデザインを使って目指すことは大きく二つあります。一つ目は、ブランドの思想と世界観（＝ブランドらしさ）に一貫性と独自性をつくること。もう一つは、ブランドに関わる全員が、ブランドの思想と世界観を理解し、共創できる状態をつくることです。

この二つを叶える仕組みを、ブランディングデザインと本書では呼んでいます。

そしてその結果、ブランドの情緒的価値を高め、お客様にブランドを「好き」になってもらうことを目指していきます。

ブランドを確立することは、ブランドへの愛着心（＝好き）につながります。愛着心が高まるとユーザーはファンとなり、ブランドを支えてくれる存在になります。これは、ブランドを単に「デザインでオシャレに見せる」ということとは全く異なります。

もし次のような悩みをお持ちでしたら、ブランディングデザインに取り組むことを検討してみるのがいいと思います。

- 従来のビジネスモデルに限界を感じる
- ブランドの独自性を高めたい
- ブランドをもっと愛されるものにしたい

ブランディングデザインは言葉としてはよく聞きますが、きちんと運用できている会社は多くありません。

経営者にお会いすると「過去に何度かブランディングデザインに取り組んだがうまくいかなかった」という声もよく聞きます。

私自身、アートディレクターとして働いてきましたが、デザインの考え方や技術は属人的で、説明が難しく、価値を伝えにくいことに問題を感じてきました。

〈ブランディングデザインを通じて目指す状態〉

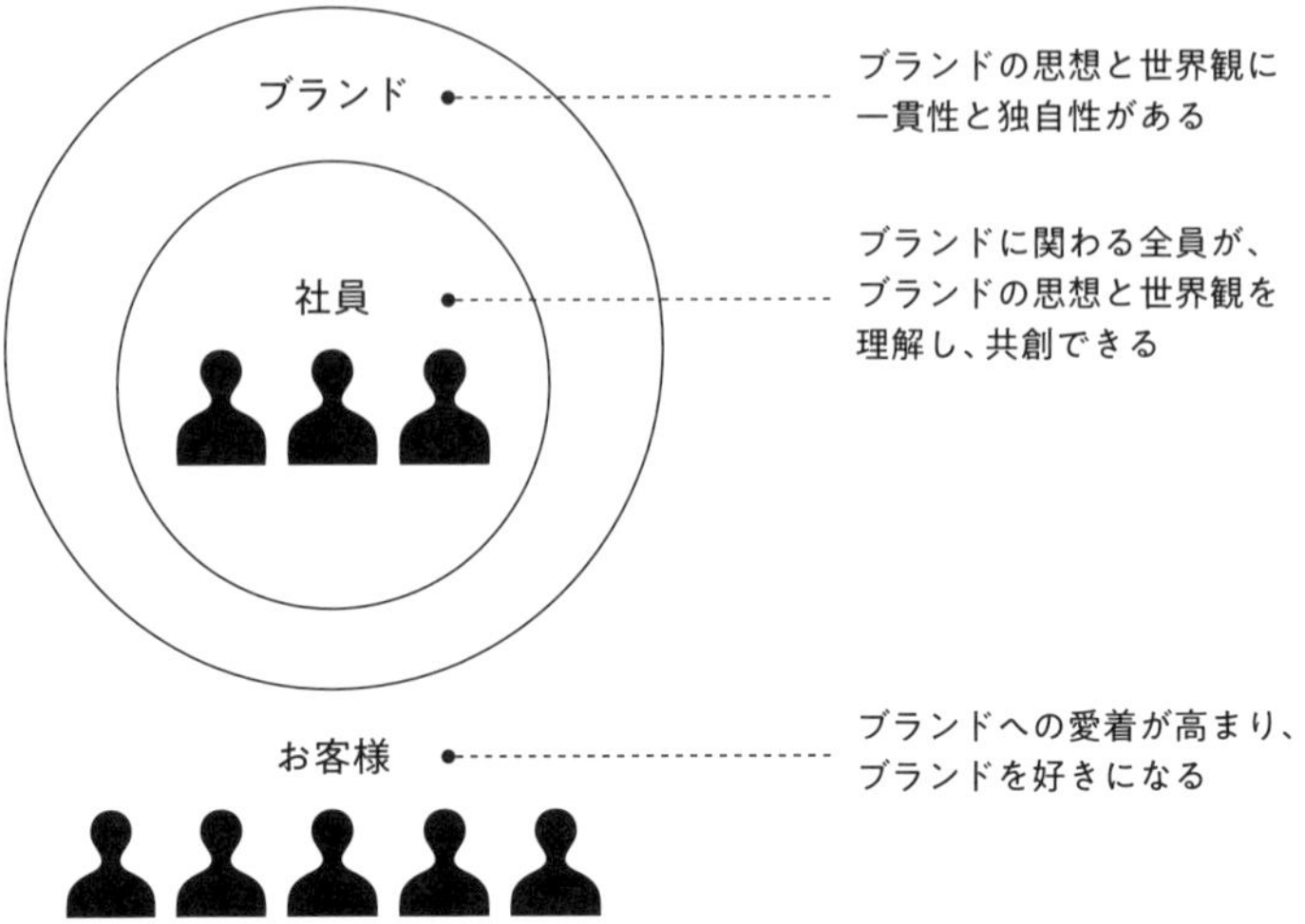
ブランド
ブランドの思想と世界観に一貫性と独自性がある
社員
ブランドに関わる全員が、ブランドの思想と世界観を理解し、共創できる
お客様
ブランドへの愛着が高まり、ブランドを好きになる

企業の経営戦略として、デザインは投資する価値のあるものだと理解していただくために、プロセスとポイントを分解し、この後の章でブランディングデザインを体系化してご紹介したいと思います。

デザインを経営のそばに置くことは、まだまだ日本では主流ではないので、実践している企業は少ないのですが、逆に言うと大きな強みになると確信しています。

第 2 章

# デザインを知ろう

# 1 ビジネスとデザインの分断

## デザインへの苦手意識をなくそう

第2章では、ブランディングデザインの説明の前に、ブランディングデザインに関わる言葉の定義から、解説していきます。すでに何度も登場している「デザイン」という言葉ですが、まずはこの言葉から、認識を揃えていきましょう。

おそらく、「デザインというのは特殊な能力の人が天才的なひらめきで思いつくものだ」と思われているように感じます。

ビジネスにおいて、デザインが有効活用されていない原因の一つに、理論で説明しづらいため、大人数の合意形成を図りにくいということが挙げられます。

しかし実は、デザインはある程度論理で説明できるものなのです。

例えば、色で考えてみると、「クールで賢い印象にするならブルー系を」「情熱的な印象にするなら赤系を」「ポジティブな印象にするなら黄色系を」など、伝えたいイメージを色に変換する際の方程式があります。図形では、「優しく見せたいなら丸い形を」

「安定感をつくりたいなら正方形を」「尖らせた印象にしたいなら三角形を」といった具合です。

私たちデザイナーはこの方程式の組み合わせで、「伝えたいこと」を色やカタチに変換していきます。

つまり、**「伝えたいこと」を可視化する技術がデザイン**なのです。

少し難しい言い方にはなりますが、ビジュアルデザインは「視覚言語」と呼ばれることもあります。日本語を英語に翻訳するように、デザイナーは日本語を視覚言語に翻訳しているとお伝えすると、理解しやすいかもしれません。

つまり、デザイナーとの間で、伝えたいことについての共通認識を持つことができれば、そこから大きく間違えることはありません。

これまでお会いしたビジネスパーソンの中にも「センスに自信がない」と悩まれる方や、「デザインはわからない」と言われる方もいました。

しかし、必要なのはデザインのセンスではなく、伝えたいことをデザイナーと共有することです。伝えたいことを正確にデザイナーと共有できれば、色やカタチはプロであるデザイナーが方向性を提示してくれるはずです。

では、この伝えたいこととは、どのように見つけていくものなのでしょうか。

実は、伝えたいことを見つけるプロセス自体も、デザイナーの大切な仕事の一つです。

「伝えたいことはこれなので、いい感じにしてください」とオリエンで言われても、デザイナーとしては悩んでしまうことがよくあります。アウトプットを想定してつくられていないオリエンは、色やカタチへの変換が難しいことが多いためです。デザインは可視化する技術なので、「色やカタチに変換して、独自性をつくれる要素」は、デザイナーと一緒に見つける必要があります。

独自性をつくれる要素を見つけるために、私の関わる仕事では、できる限り仕事の上流から関わらせていただくようにしています。きちんとしたオリエンはなくても構いません。

むしろ、「内容をまとめてからデザイナーに相談しよう」と思わないほうが、うまくいくと思っています。よりよいデザインのためには、ブランドを取り巻く環境や、ブランドのトップの想い、競合ブランドの状況など、様々なインプットが必要です。

「デザイナーにはちゃんとオリエンしているのに伝わらない」「優秀なデザイナーをアサインしたけど全然うまくいかなかった」という声を、よく聞くことがありますが、これらの失敗はほとんどの場合、デザイナーがプロジェクトに入るタイミングとオリエンの失敗によって起こっているように思います。
極端なオリエンの例として、参考資料を渡して「これと同じようなものをお願いします」というケースもありますが、これだと何かの類似品になってしまい、ブランドの独自性をつくることはできません。

本書を読んでくださっているビジネスパーソンの皆さまには、伝えたいことを見つけるプロセスからデザイナーに並走してもらうことを心がけていただけたらと思います。

これさえできれば、デザインに苦手意識を持つ必要は全くありません。独自の資産が見つかれば、デザイナーが魅力的なデザインに変換してくれるはずです。
「伝えたいこと」を見つける具体的な方法については、第3章の「STEP1 分析する」「STEP2 コンセプトをつくる」（P104からP156）で詳しく説明します。

# 2 デザインの4つの力

## 「広義のデザイン」と「狭義のデザイン」

ここ数年はデザインという言葉を目にする機会がとても多くなりました。しかし注目度が高まった結果、デザインへの誤解も広がっていると感じています。『伝えたいこと』を可視化する技術が「デザイン」だとお伝えしましたが、さらに深掘りしてお話ししていきます。

デザインには「**広義のデザイン**」と「**狭義のデザイン**」があると言われています。[1] 目に見えるデザインは、「狭義のデザイン」と呼ばれています。実は目に見えるデザインの他に、「広義のデザイン」があり、企画したり、整理したりすることも、デザインが関わる領域になります。

デザイン（Design）の語源は、14世紀のラテン語「Designare」です。Designareは、「計画に基づき、作る（創る、造る）こと」「創ること、考案すること、意図すること」を意味していました。[2] これが中世英語に移って、現在のDesignとなっていることか

1 **参考文献**
森山 明子編著『デザイン12の扉―内田繁+松岡正剛が開く』内田 繁、松岡 正剛監修（丸善、2001）

2 **参考文献**
経済産業省〝デザイン政策ハンドブック2016〟

ら考えると、デザインは、モノの姿や形よりも、「計画」や「意図」にこそ、その本質があるのだと言えます。

つまり、デザインという言葉の語源には、すでに「広義のデザイン」と「狭義のデザイン」が含まれていたということができます。ちなみに、中国ではデザインを「設計」と記述します。

私自身の経験を振り返り、「広義のデザイン」と「狭義のデザイン」をさらに分解すると、「デザインの４つの力」として次のように集約できるのではと考えています。

① 問いを見つける
② 想像を可視化する
③ 整理しわかりやすくする
④ 心を動かすカタチをつくる

このうち、①②③は広義のデザイン、④が狭義のデザインにあたると考えています。

〈デザインの4つの力〉

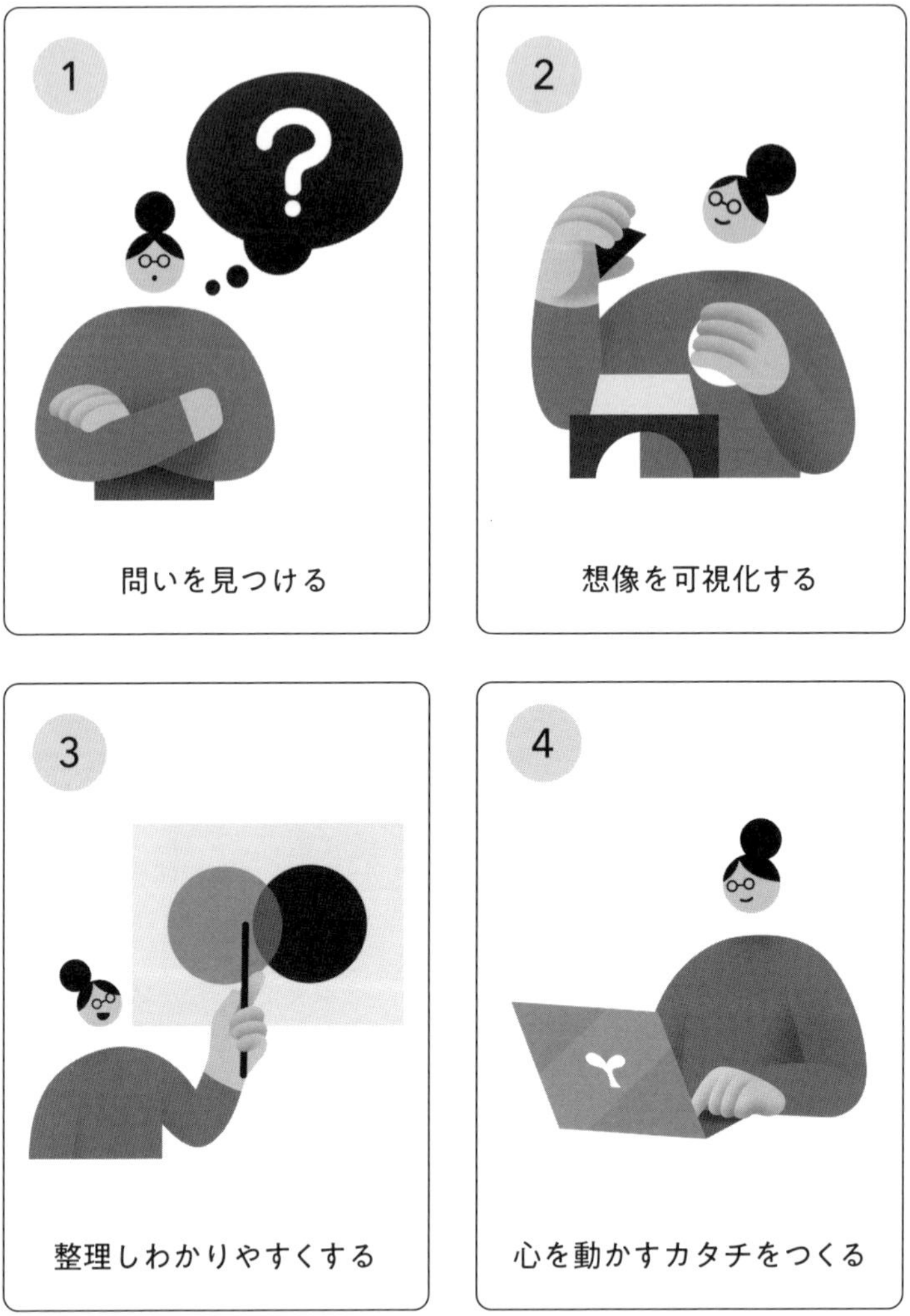
1
問いを見つける
2
想像を可視化する
3
整理しわかりやすくする
4
心を動かすカタチをつくる

## ①問いを見つける

ＡＩや検索ツールが進化を続けており、計算や分析など答えがあらかじめ決まっている問題は、正解を見つけることはとても簡単になりました。

それに伴い、正解を出すことよりも問題意識を普段から持ち、問いを見つける力の重要性が高まっています。

「『好き』になってもらうためにすべきことは何か？」「あらゆる人が使いやすい商品とは？」「使いやすさと美しさはどうすれば共存できるか？」など、想像力を使って、新たな問いを見つける力がデザインにはあります。問いを見つけ、新しい価値をつくることができる力は、独自性が求められる、これからのビジネスに役に立ちます。

## ②想像を可視化する

デザインには、「あるべき姿」を具体的に想像し、可視化する力があります。商品開発や新事業開発の際には、構想のスケッチを描いたり、試作品を制作したりするなど、想像したものを一度カタチにし、人と共有することで、プロジェクトが進むことがよくあります。また、試作品をつくり、人の意見を聞きながら開発を繰り返すことで、商品・サービスの完成度が高まる効果があります。

### ③整理しわかりやすくする

プロジェクトを俯瞰し、情報を整理することもデザインの持つ力の一つです。

ビジネスにおいては、プロジェクトに関わる全員が、ビジョンやコンセプトなどの目に見えない概念を共有しなければいけません。情報が多すぎてどう整理していいかわからなかったり、関わるメンバーの認識がバラバラになったりしてしまうことがよく起こります。

この時に、大量の情報をカテゴライズし、情報に優先順位をつけ、誰もがわかりやすい図に整理することが求められます。

このように情報を体系化し、整理しわかりやすくする力がデザインにはあります。ビジネスは一人で取り組むことはほとんどないため、複数人の認識を揃えることはとても重要です。

### ④心を動かすカタチをつくる

この力が、最終的に目に見えるデザインです。この点については、デザイナーの技術とセンスによるところが大きく、正解はありません。

しかし、優れたデザイナーには、メンバーが直感的に「好き」だと思えるような、心が動くデザインを開発する力があります。

「伝えたいこと」を「独自性のあるカタチ」に変換することができれば、他にはない価値をつくることが可能になります。

これら四つの力を駆使して、日々デザイナーはプロジェクトに関わっています。最終的に表に見えるのは、「④心を動かすカタチをつくる」部分ですが、優れたデザインの裏側には必ず、①②③の力が隠れています。

ただかっこいい、オシャレなだけでは、デザインとしては不十分。まだ解かれていない問いを発見し、試作品をつくり、思想をチームで共有する。そのうえで、伝えたいことを発見し、独自性のあるカタチに変換する。これら一連のプロセスを通じて、優れたデザインは生まれるのです。

## 3 言葉を知ろう

### 知っておきたい言葉

デザインを皆さまに上手に使ってもらうために、知っておいていただきたい言葉があります。私自身、仕事に取り組む中で、同じ言葉でも人によって少しずつ解釈が異なり、「意図が正確に伝わらないな……」と思う機会が多々ありました。

例えば、デザインという言葉も、すでに説明したように「広義のデザイン」と「狭義のデザイン」があるのですが、「見た目をかっこよくすることがデザインだ」と誤解されていることがよくあります。

そのため、ビジネスシーンでよく聞く言葉も含めて、本書におけるそれぞれの用語の定義を整理していきたいと思います。

### 「デザイン経営」はデザインを経営に取り入れること

「デザイン経営」という言葉は、ここ数年でよく聞くようになりました。経済産業省も2018年に「『デザイン経営』宣言」[3]を発表しており、その定義や効果についての説明がされています。

その中では、デザイン経営が成立する必要条件として、以下の二点が備わっている必要があるとしています。

「デザイン経営」とは、デザインを企業価値向上のための重要な経営資源として活用する経営である。それは、デザインを重要な経営資源として活用し、ブランド力とイノベーション力を向上させる経営の姿である。ここで、「デザイン経営」と呼ぶための必要条件は、以下の二点である。

① 経営チームにデザイン責任者がいること
② 事業戦略構築の最上流からデザインが関与すること

すでにご説明したように、デザインには、「①問いを見つける」「②想像を可視化する」「③整理しわかりやすくする」「④心を動かすカタチをつくる」という、四つの力があります。

このうち、①②③は経営にも役に立つ力であり、自社の事業を独自性が高いものに変えられる可能性があります。逆に、経営の方針が完全に決まった段階で、デザイナーをアサインしても、④にしか取り組むことができないため、デザインの本来の力が発

3 **参考文献**
経済産業省・特許庁 産業競争力とデザインを考える研究会."「デザイン経営」宣言"

揮できないことがよくあります。

また、デザイン経営を上手に取り入れることができると、大きく二つの効果が出ると言われています。「ブランド力向上」と「イノベーション力向上」の二つです。この二つは次のように整理することができます。

●ブランド力向上……デザインを通じて、企業のビジョンやコンセプトを可視化することができるようになります。お客様がブランドとの接点を持つあらゆる体験に思想と世界観の一貫性をつくることで、他のブランドには代替できないブランド価値が生まれ、ブランド力が高まります。

●イノベーション力向上……デザインを通じて、潜在的なニーズを掘り起こし、新しいアイデアを発想することができるようになります。誰のために何をしたいのかという原点に立ち返り、既存の事業に縛られることなく事業を構想することができ、イノベーション力が高まります。

データを集め、それらを分析し、最適な答えを出し、それらを見直して運営していくことがこれまでのビジネスの常識でした。しかし、この方法では、他の会社も同じような答えに辿り着くため、似たような商品やサービスが量産されることにつながります。その結果、あらゆるものがコモディティ化した世の中になりました。

このデータを活用した方法に限界が見えてきているため、これまでと異なる視点を経営に取り込むことで、独自性のある商品・サービスを開発しようという動きが生まれているのです。近年は、デザインの重要性が語られる機会が増え、デザイン経営を実践している企業も少しずつ増えつつあります。

## 「ブランド」はらしさ

「ブランド」と言うと、シャネルやルイ・ヴィトンなどのラグジュアリーブランドを想像される方も多いと思います。「ブランド品」という言葉などもありますが、実はブランドは「ラグジュアリーブランド」を指すわけではありません。

ブランドの語源は、「焼印をつける」という言葉からきていて、もともとはワインの樽や家畜などに焼印をつけることを意味していたそうです。ブランドという言葉が本来指すのは、似たものが混在する中で、競合商品と間違えないための印であったと言うことができます。

「近代マーケティングの父」とも呼ばれるマーケティング界の第一人者、フィリップ・コトラー教授は、ブランドを次のように定義しています。

アメリカ・マーケティング協会は、ブランドを、「個別の売り手もしくは売り手集団の商品やサービスを識別させ、競合会社の商品やサービスから差別化するための名称、言葉、記号、シンボル、デザイン、あるいはそれらを組み合わせたもの」と定義している。ブランドは当該製品やサービスに、同じニーズを満たすために設計された他の製品やサービスから、何らかの形で差別化する特徴を加える。その差別化要因は、機能的、合理的、あるいは実体がある―つまりブランドの製品パフォーマンスに関連する場合もあれば、象徴的、情緒的、あるいは実体がない―ブランドが体現するものに関連している場合もある。

――フィリップ・コトラー＋ケビン・レーン・ケラー『コトラー＆ケラーのマーケティング・マネジメント　基本編』（ピアソン・エデュケーション、2008）

この説明は難しく、直感的に理解しづらいので、私なりに再解釈したものが以下になります。

**ブランドとは、名称、言葉、記号、シンボル、デザイン、あるいはこれらの組み合わせが一貫した思想と世界観のもとで開発されており、独自の価値（＝らしさ）を持つもの。**

これが私の考えるブランドの定義です。ブランドの「らしさ」を可視化する時の例えとして、私は「**ブランドの人格**」という表現をよく使っています。ブランディングの用語として、「ブランドパーソナリティ」と呼ばれるものです。

ブランドを人格として想像すると、直感的に「好き」かどうかを判断しやすくなるというメリットがあります。

ブランドの人格を、有名な四つのブランドを例に考えてみましょう。「ナイキ」「スターバックス」「無印良品」「資生堂」の四つの人格を、私なりの解釈で表現してみると次のようにまとめることができます。

- ナイキ……スポーティでアクティブ、自分の主張をきちんと持っている人
- スターバックス……オシャレで都会的、自分の時間を大切にする人
- 無印良品……清楚でまじめ、丁寧に生活している人
- 資生堂……上品で美しく、自信に満ち溢れている人

多少の差はあるかもしれませんが、これらのブランドを知るほとんどの方が、同じようなイメージを持っているのではないでしょうか。

一貫した人格があり、イメージを管理できているブランドは、ブランディングがう

〈ブランドの人格〉

ナイキ

スポーティでアクティブ、
自分の主張をきちんと持っている人

スターバックス

オシャレで都会的、
自分の時間を大切にする人

無印良品

清楚でまじめ、
丁寧に生活している人

資生堂

上品で美しく、
自信に満ち溢れている人

まくいっていると言えるでしょう。

このように、ブランドの人格が確立できていれば、「好きだな」「仲間になりたいな」と思う人たちが自然に集まってくる状況をつくることができます。

しかし、イメージがバラバラで、言っていることがその都度変わるようなブランドの人格では、そもそも印象に残りませんし、信用もされません。

多くの共感を得て長く愛されているブランドには、明確な人格があります。

ブランドを「好き」だと思ってもらうためには、競合ブランドが簡単に真似できない、明確な「らしさ」を持つことが必要だ、と言うことができます。

## 「ブランディングデザイン」はらしさの可視化

ブランディングデザインとは、**ブランドの思想と世界観（＝らしさ）に独自性と一貫性をつくること。そして、ブランドに関わる全員が、ブランドの思想と世界観を理解し、共創できる状態をつくること**です。

ブランドの「らしさ」を可視化し、ブランドの機能的価値と情緒的価値を高め、お客様にブランドを「好き」になってもらうことを目指していきます。

ブランディングデザインを成功させるためには、四つのポイントがあります。

## ブランディングデザインのポイント

### 〈1〉トップが想いを持つ

ブランディングデザインにおいて最も大切なのは、ブランドのトップ（＝経営者や責任者）の想いです。「どういう人が、どういう想いでつくったブランドなのか」は共感をつくるうえで大切な要素です。

また、「伝えたいこと」を可視化する技術がデザインだと前述しましたが、「伝えたいこと」は、トップの想いの中に眠っていることがよくあります。ブランディングデザインでは、ブランドの中心に立つ人の想いがブランドの核になっていくのです。

トップの想いがあやふやなまま、ブランディングデザインに取り組むケースも何度か経験しましたが、このような場合は、プロジェクトが途中で終わってしまうことがよくありました。

ブランディングデザインは、結果が目に見えるようになるまでに時間がかかるため、忍耐力も必要です。そのためには、**トップの想いが絶対に必要**なのです。

### 〈2〉強みを発見し、世の中のニーズと照らし合わせる

①はとても大切な要素ですが、注意点もあります。それは独りよがりな商品・サー

ビスをつくっても、多くの人に共感されるブランドにはならないという点です。

特に、想いがとても強い時には、客観性が失われていることもあり、「想いはあるけれど、お客様から共感されない」という状況に陥る場合があります。

そのような事態を避けるためには、もともと持っている魅力（＝企業、商品やサービスの強みやトップの想い）と、世の中のニーズを照らし合わせて、**重なり合う部分を見つけることが必要**です。

この重なりの部分が、オリジナリティがあり、共感を得られるブランドコンセプトの開発につながっていくのです。

## 〈3〉「らしさ」に一貫性をつくる

近年はメディアが増え、公式サイト、店舗、ＳＮＳ、広告など、お客様との接点がとても多くなりました。

接点ごとに思想や世界観がバラついていると、お客様はブランドを捉えにくくなります。例えば、「商品ごとにコンセプトが違っていて、思想がバラついている」「ツールによって色や雰囲気に一貫性がなく、世界観がバラついている」状態だと、同じブランドだと捉えることが難しくなってしまい、お客様はブランドを認識することが難しくなります。

逆に、思想や世界観が統一されていると、どんな小さなツールからでも、そのブランドらしさを伝えることができるようになります。例えば、スターバックスを例にとって考えてみると、店舗、パッケージデザイン、季節ごとの新商品の広告、オリジナルグッズ、バリスタが使うエプロン……など、あらゆる接点が同じ思想と世界観で開発されています。全国各地に店舗があり、商品数の数も多いブランドですが、すべての接点から一貫した「らしさ」が感じられるはずです。

このように、ブランドの「らしさ」をつくるためには、**すべての接点に一貫性をつくることが必要**になります。

ファンになってもらうためには、ブランドの「らしさ」を見える化し、ブランドの「人格」をはっきりさせることが求められます。

### 〈4〉続けられる仕組みをつくる

ブランディングデザインに、終わりはありません。ブランドを刷新した後は、お客様の声を聞いたり、時代の変化を取り入れたりしながら、ブランドを育てていく必要があります。

ブランドは一人で運営することは少なく、ほとんどの場合はチームで運営しますが、その場合チームメンバー全員が、ブランドについて共通認識を持つ必要があります。

つまり、誰が関わってもブランドの「らしさ」が意図せず変化しないように、

〈「ブランドコンセプト」はサーチライト〉

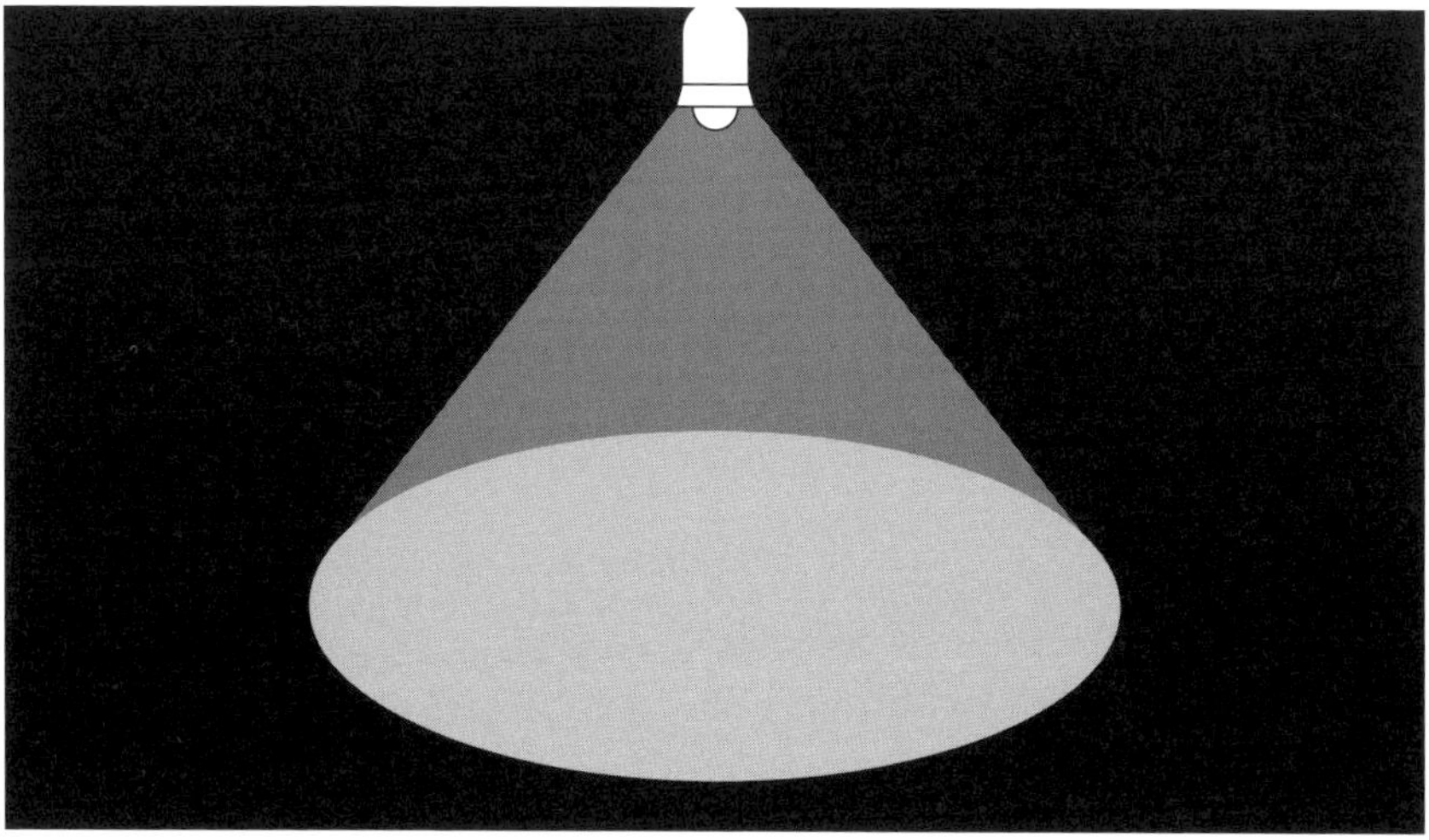

仕組みをつくらなければなりません。そのために、ブランドをチームで共有し続けられる仕組みづくりにも取り組みます。一過性の施策ではなく、**ブランドらしさを維持する仕組み**も含めて、ブランディングデザインと本書では呼んでいます。

## 「ブランドコンセプト」はサーチライト

「ブランドコンセプト」と言うと、ビジネスシーンでよく聞くキーワードです。しかし、改めてブランドコンセプトとは何かと問われると、答えることが難しい概念ではないでしょうか。

人によって、定義の解釈にバラ

〈古いコンセプトと新しいコンセプト〉

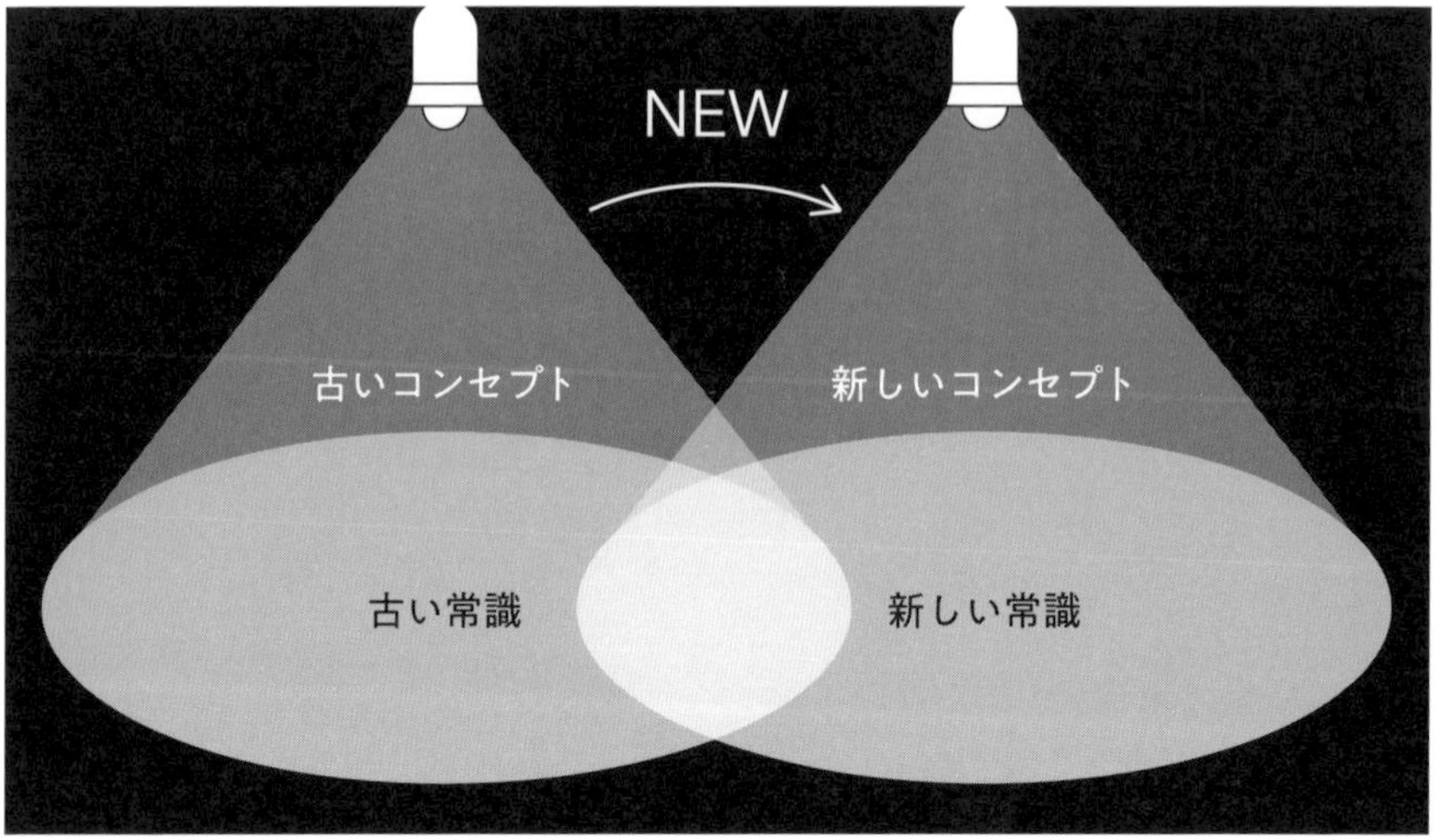


ツキがあるため、同じプロジェクトに取り組んでいる中でも、認識がズレることもあります。まずは、ブランドコンセプトについての認識を揃えていきたいと思います。

**ブランドコンセプトは暗闇からブランドを照らし出す「サーチライト」**に例えることができます。イノベーションが起こる時、このサーチライトが変わると言われています。古いサーチライトの上から新しいサーチライトを当てると、中心にある事実は変化しませんが、新しい常識が照らし出されます。つまりイノベーションを起こしたいのであれば、「ブランドコンセプト」を見つけることによって、常識を覆す必要があります。

社会学者のタルコット・パーソンズ（Talcott Parsons 1902-1979）はこのような働きをする「概念」を、サーチライトにたとえている。暗黒の中でわれわれはサーチライトによって、初めて事物を見ることができる。これと同じように「概念」というサーチライトによって、照らされた事物を、われわれは「事実」として認識する。

――高根 正昭『創造の方法学』（講談社、1979）

ブランドコンセプトが重要なのは、ある概念が与えられることによって、それまでは見過ごされていた事柄に光を当てられるようになるからです。そしてそれは、これまでの常識とは違う、新しい具体的施策の発見につながっていきます。また、概念というサーチライトに照らし出された具体的施策を実行するので、決めた概念の範囲内で施策を考えることができるようになり、方向性を大きく間違えることがなくなります。

自分たちならではのブランドコンセプトを明確にすることができれば、必然的に他のブランドとは異なる施策に取り組むことになるため、すでにある様々な競合ブラン

〈スマートフォンの例〉

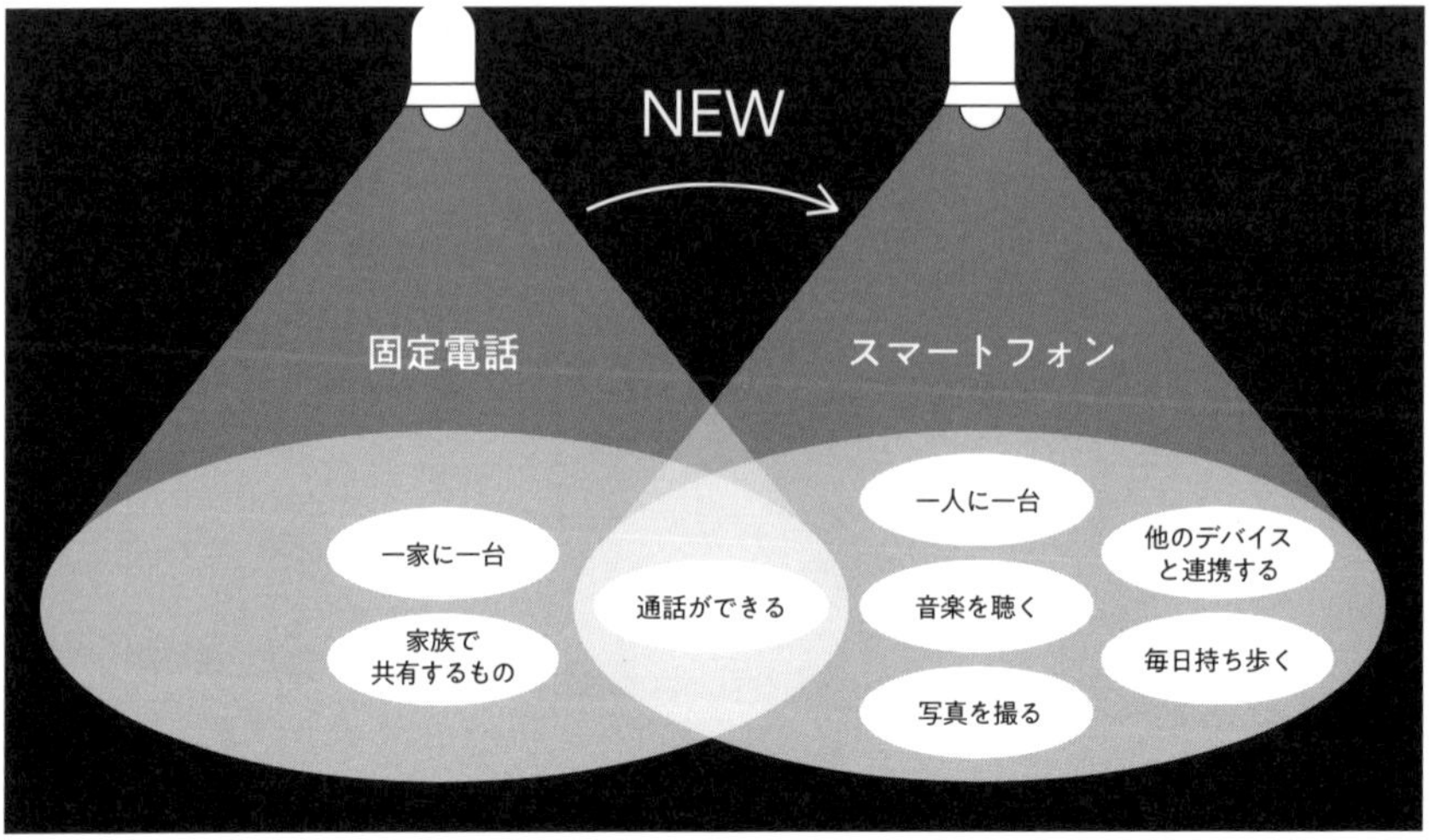


ドと横並びになることなく、独自性が高まっていきます。

そしてそれは、これまでなかった、新しい市場をつくることにつながります。ブランドコンセプトを他のブランドと似たようなものに設定したままでも、もちろんブランドをつくることは可能ですが、ライバルが多い市場で戦うことになるので、競争は熾烈になります。

話が概念的でわかりづらいので、スマートフォンを例に考えてみましょう。スマートフォンの普及以前、固定電話は「家族で共有するもの」であり「一家に一台所有するもの」であることが常識でした。

　これらが、「固定電話」というサーチライトで照らした時の、具体的施策にあたるものです。これらの常識を、「スマートフォン」というサーチライトで照らすと、「通話ができる」という基本的な機能は共通しながらも、「一人に一台所有するもの」であり「音楽を聴く」ことができ「毎日持ち歩く」ものへ変化しました。

　このようなサーチライトの照らし変えが、ブランドコンセプトを開発する際に必要となるのです。[4][5][6]

## スターバックスの例

　有名な例ですが、スターバックスのブランドコンセプトは「サードプレイス（第３の場所）」です。

　サードプレイスという概念は、社会学者のレイ・オルデンバーグが１９８９年に著書『サードプレイス――コミュニティの核になる「とびきり居心地よい場所」』（忠平美幸訳、みすず書房）の中で提唱したものです。

　当時のアメリカは、価値観の断片化が進んだ結果、過剰なハイテンション社会になりました。職場では競争のプレッシャーが強く、家庭にもいろいろな問題があります。家（第１の場所）と職場（第２の場所）を往復する人が多く、非常にストレスフルな

4 **参考文献**
山田 壮夫『コンセプトのつくり方　たとえば商品開発にも役立つ電通の発想法』（朝日新聞出版、２０１６）

5 **参考文献**
苅谷 剛彦『知的複眼思考法　誰でも持っている創造力のスイッチ』（講談社、２００２）

6 **参考文献**
細田 高広『コンセプトの教科書』（ダイヤモンド社、２０２３）

〈スターバックスの例〉

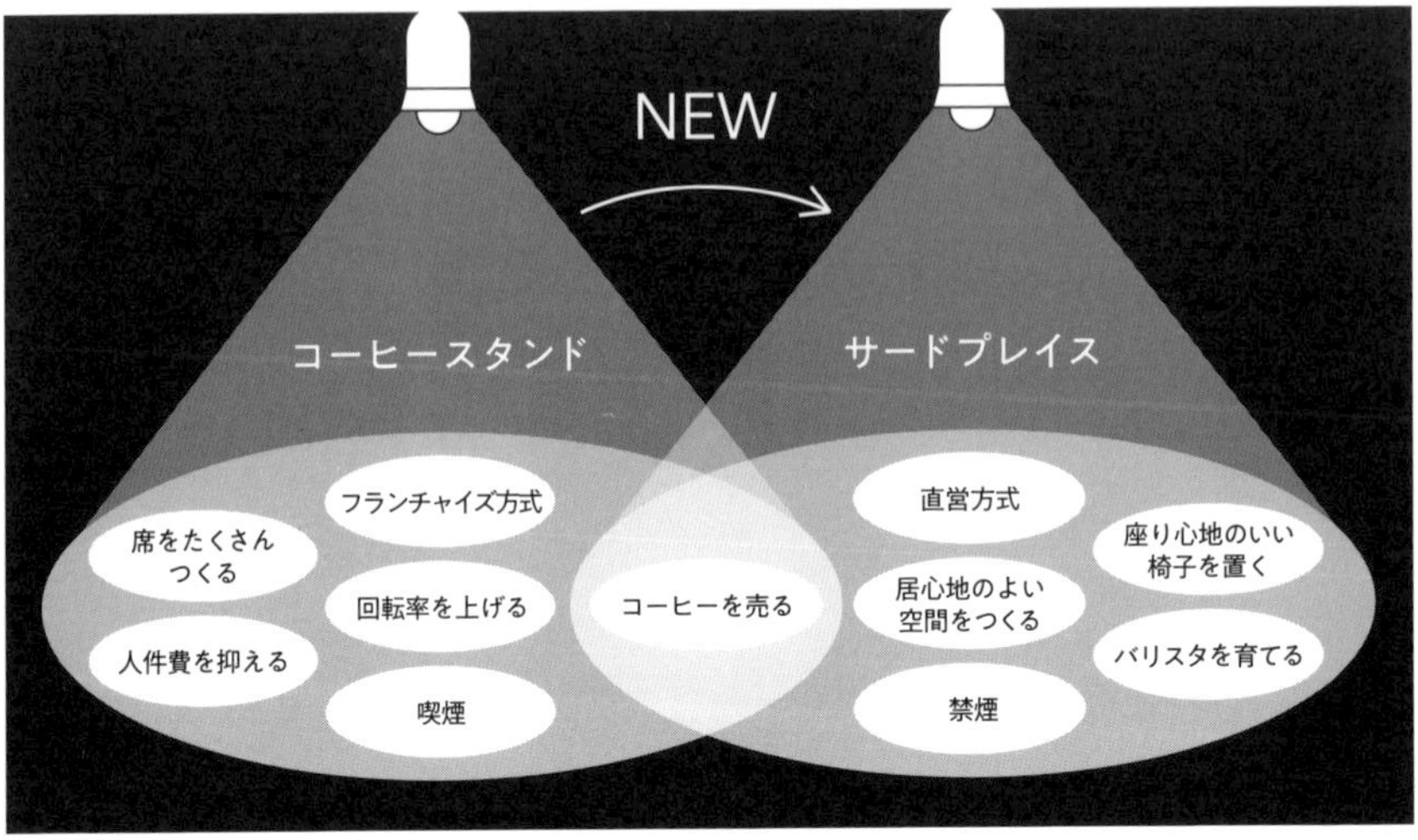


状況でした。

そのような状況の中で、ドイツのビアガーデンやイギリスのパブ、フランスやイタリアのカフェのような、「人々には居心地のいい第3の場所が必要なのではないか」という発想から、スターバックスのコンセプトは生まれました。

つまり、スターバックスの商品は単にコーヒーを提供するだけではなく、コーヒーとともに心安らぐ体験を提供することなのだと言うことができます。

現在のスターバックスでの体験を改めて思い返してみても、いわゆるコーヒースタンドとは異なる点が多く、サードプレイスというブランドコンセプトに基づいて今も運営されていることがよくわかります。

例えば、飲食店では、回転率を上げて、たくさんのお客様に利用してもらうことを目標に設定することが多いのですが、スターバックスでは居心地のよい椅子が用意されており、長い時間くつろぐことができます。タバコを吸いたいお客様を逃してしまう可能性があるにもかかわらず、禁煙を徹底し、店内の居心地のよさを重視している点も特徴的です。

また、スターバックスは、ブランディングを徹底するために、自社で直接店舗運営を行う「直営方式」を採用しています。

ほとんどの大手企業はフランチャイズ方式を採用しており、一見こちらのほうが効率がいいように感じられますが、フランチャイズ方式は、本部と加盟店という関係が生まれ、本部としては安く簡単に展開できるというメリットがある一方で、それぞれの加盟店に判断を委ねているため、ブランド管理が難しいというデメリットがあります。

スターバックスは一見効率が悪いように見える直営方式を通じて、ブランド管理を徹底しているのです。スターバックスの例を、サーチライトの図で整理してみると、前ページの図のようになります。サードプレイスというブランドコンセプトが、コー

〈ユニクロの例〉

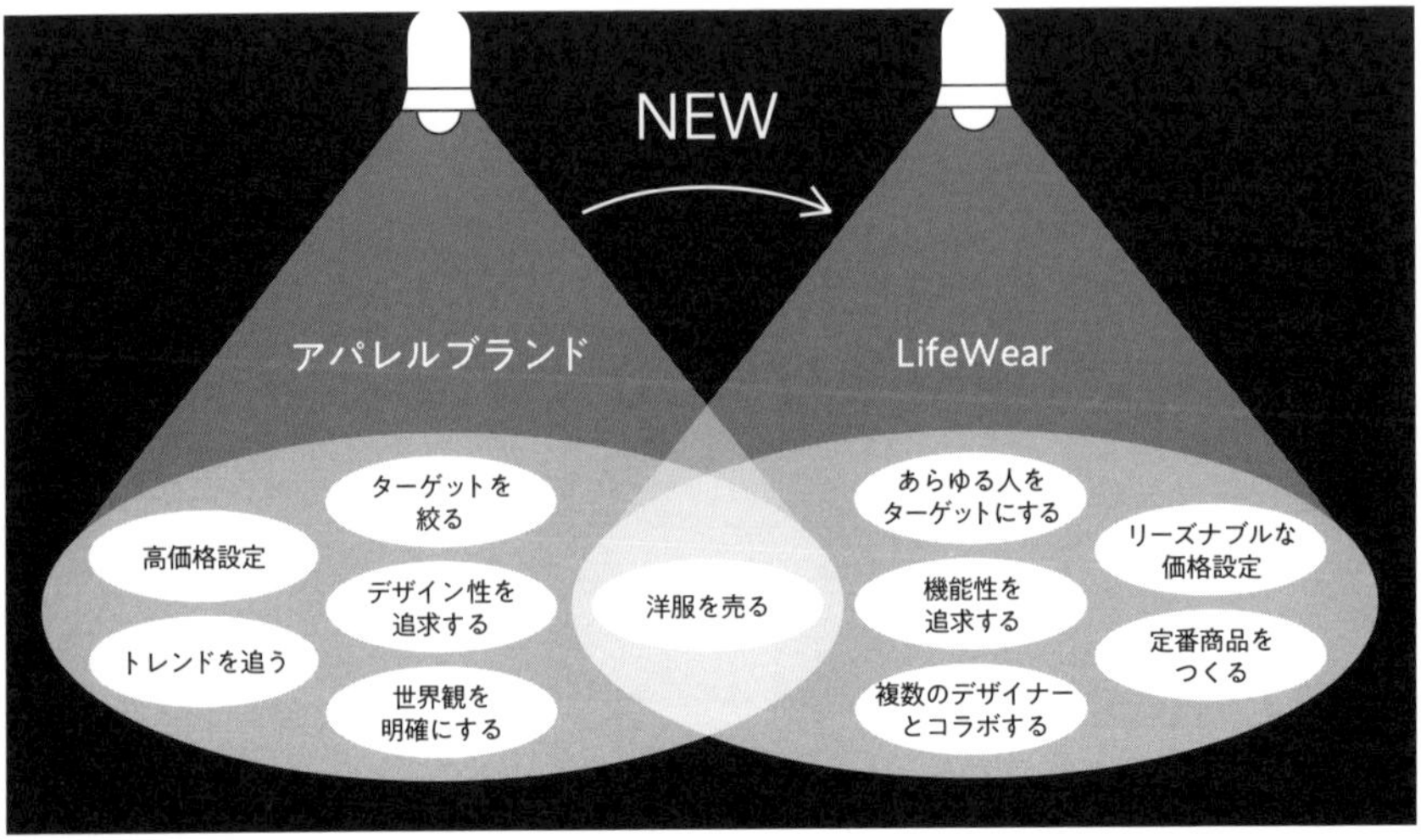


ヒースタンドの常識を変え、新しい市場をつくり出したことがわかります。[7][8]

## ユニクロの例

もう一つの例として、ユニクロについても考えてみたいと思います。日本を代表するアパレルブランドのユニクロは、ブランドコンセプトに「LifeWear」を掲げていて、公式サイト[9]には、次のような説明があります。

「LifeWearとは、あらゆる人の生活を、より豊かにするための服。美意識ある合理性をもち、シンプルで上質、そして細部への工夫に満ちている。生活ニーズから考え抜かれ、

7 **参考文献**
レイ・オルデンバーグ『サードプレイス―― コミュニティの核になる「とびきり居心地よい場所」』（忠平美幸訳、みすず書房、2013）

8 **参考文献**
楠木 建『ストーリーとしての競争戦略 優れた戦略の条件』（東洋経済新報社、2010）

9 **参考文献**
ユニクロ."About LifeWear"

進化し続ける普段着です。」

これまでのアパレルブランドは性別、年齢、社会的属性、好みのテイストなどで細分化し、ターゲットに合った商品を開発するのが常識でした。

この常識を覆したのがユニクロです。ユニクロは、フリース、ジーンズなどの日常着や、ウルトラライトダウンやヒートテックなどの機能衣料を中心に成長を遂げ、その後、ビジネススーツなどのフォーマルウェア、デザイナーズコラボラインなどへも領域を拡張。今や、あらゆるカテゴリーの洋服をユニクロで購入できるようになりました。

ユニクロがこれだけ成長した最大の理由は、「服に興味がない人」[10]というターゲット設定にあると言われています。「ファッションのことなど考えたくない」「ファッションセンスに自信がない」「服を選ぶことがストレスだ」と感じる人のほうが大多数だと見極め、LifeWearというブランドコンセプトが生まれることになったのでしょう。

他のアパレルブランドが、トレンドを追いかけ、ターゲットを絞って商品を開発する一方、ユニクロは「生活ニーズから考え抜かれ、進化し続ける普段着」という新しいファッションのあり方をこのブランドコンセプトで規定しているのです。

ユニクロの例を、サーチライトの図で整理してみると、このようになります。

LifeWearというブランドコンセプトが、これまでのアパレルブランドの常識を変

**10**
**参考文献**
WWD.〝気がつけばみんな「ユニクロ」を着ている　平成に起きたアパレル革命〟

え、ユニクロは日本を代表するブランドへ成長しました。

スターバックスやユニクロの事例からもわかるように、ブランドコンセプトが明確になれば、これまでにない、新しい定義をつくることができ、新しい市場を創出することにつながります。

ブランドコンセプトは、ビジネス用語として一般化しているため、ほとんどのブランドが、公式サイトやパンフレットにブランドコンセプトを掲げていますが、他のブランドでも言えるような内容を掲げている場合がとても多いのです。

他のブランドと似たようなブランドコンセプトでは、革新的な商品や新しい市場をつくることはできません。

優れたブランドコンセプトは、サーチライトを照らし変えることで、新しい常識を見つけることができるものです。ブランドコンセプトの考え方や、チェックポイントについては、第3章の「ＳＴＥＰ2　コンセプトをつくる」（Ｐ132からＰ145）で詳しく説明します。

## 「ブランディング」と「マーケティング」を混同しないように注意

「ブランディング」と「マーケティング」は、明確に認識を分けておきたい言葉です。

プロジェクトを始める時に、この二つの言葉をチームの中でもごちゃ混ぜに使っていることが多々ありますが、それぞれ目的が異なるので注意しましょう。

私は、二つの違いを、「**ブランディングの目的は、好きになってもらうこと**」「**マーケティングの目的は、売ること**」だと整理しています。

本書では、「売るから好きへ」と何度か説明していますが、決して「売る」ことを否定はしていません。しかし、「売る」ことだけを目的にしてしまうと、実現できないことがあることも事実なのです。

例として、ユニクロの施策を紹介します。

ユニクロはテレビＣＭや新聞広告、店内に置かれた雑誌など、様々なメディアを縦横無尽に使ってブランディングを行っています。これらのツールは著名なフォトグラファーによる写真や、アート性の高いイラストレーションが使われ、上質な世界観でつくられていて、ブランドに格を与え、ブランドのファンを育てる役割を果たしています。

同時に、ユニクロはチラシもずっと制作しています。チラシでは商品の値段や特徴をわかりやすく訴求するデザインが採用されており、マーケティングに振り切って制作されています。

狙いに応じて、メディアと表現を使い分けているいい例だと思います。

ブランディングとマーケティング、どちらを優先するべきかはブランドの置かれている状況や、目指すブランドイメージにより異なりますが、長期的にブランドを大きくすることを考えるのであれば、先にブランディングに取り組むことをおすすめしています。ブランディングによって「らしさ」を明確にしたうえでマーケティングに取り組めばさらに効果が上がるのですが、それができていない状態でマーケティングだけに取り組んでも、施策の効果が積み上がっていかないからです。

いずれにしても、ブランディングとマーケティング、どちらかの施策だけに絞って取り組むことは少なく、二つを上手に組み合わせて、ブランドを育てていく必要があります。そのためにも、今自分たちが取り組んでいる施策の目的はどちらなのかを、その都度明確にした上で、適切な表現を使い分けていくことが大切です。

## 「デザイナー」は想像を具現化する職人

ここまで何度もデザイナーと書いてきましたが、デザイナーの定義についても説明したいと思います。デザイナーと一口に言っても、実は様々な領域があり、人によって専門が異なります。

美大においても、平面のデザイン（グラフィックデザイン）、立体のデザイン（プロダクトデザイン）、空間のデザイン（インテリアデザイン）など、専門領域によって学科が分かれていて、受験勉強の段階からすでに科目は分かれています。

よって、これらの領域を全部兼務できる人材はほぼおらず、多くの人はどれかを専門に学んだうえで、プロのデザイナーになります。ちなみに私は、グラフィックデザインがベースになっています。

いずれの領域においても、デザイナーは、**想像を具現化するための、制作を担う職種**です。企画だけではなく実際の制作も担い、ゼロからカタチを生み出すことができる人たちのことを指します。

そのため、デザイナーと言っても、専門領域が異なるので、事業の内容によって誰と組むべきかは異なります。専門領域外の人とプロジェクトを始めてしまうとうまくいかない原因になるので、始める前にパートナーになるデザイナーの経歴や考え方をよく調べるのがよいでしょう。

この点については、本章の最後、「4　デザイナーを探そう」（P97からP100）で詳しく説明します。

一つのブランドを考えてみても、ロゴデザイン、商品自体のデザイン、ウェブサイトのデザイン、店舗のデザインなど、様々な制作物があり、これらの異なる領域を、一人のデザイナーが担うことは難しいため、通常はアートディレクターをデザインのトップに据え、複数人のデザイナーをアサインしてプロジェクトを進行することになります。

## 「アートディレクター」はビジュアルの監督

アートディレクターは、ADという略称で呼ばれることもあります。アートディレクターは、**ビジュアルの考案、制作、世界観の管理を担う職種**です。ロゴマークや、パッケージ、店舗など、お客様とブランドとの様々な接点のイメージを一貫した世界観で企画制作し、一貫性と品質を管理します。

ほとんどの場合、アートディレクターはデザイナーを経験したうえで名乗る役職です。大きなプロジェクトになると、デザイナーを複数人取りまとめて、プロジェクトをディレクションする必要が出てきますが、その監督（＝ディレクター）が、アートディレクターです。

アートディレクターの関わる領域は幅広く、グラフィックデザイン、空間、映像、ウェブなど多岐にわたります。

ブランドとは、ロゴマークや、パッケージ、店舗など様々なイメージの集合体です。たくさん存在するブランドとの接点のイメージを、アートディレクターは一貫した世界観でつくり上げる役割を担います。

〈お客様とブランドの接点の例〉

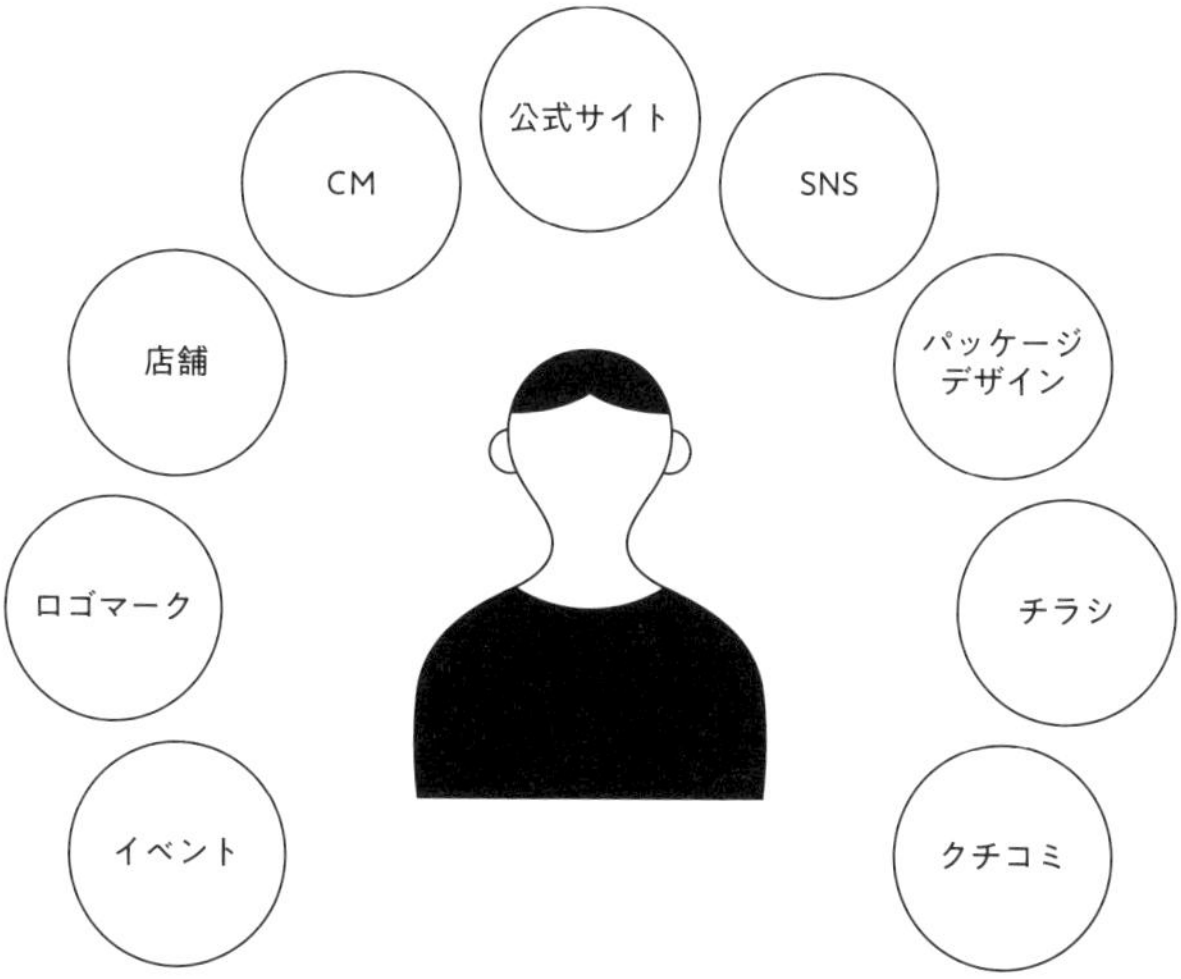


## ブランディングデザインに関わる人たち

ブランディングデザインでは、他にも様々な専門家と協業する場合があります。ここでは簡単に、どういう職種があるのかをご紹介します。すべての専門家を揃えられればクオリティは高まりますが、ほとんどの場合、クリエイティブにかけられる予算があるので、その制約の中で、誰と組むかの判断が重要になります。

メインとなる、クリエイターを起用し、どのフェーズでどういった専門家に入ってもらうかは、その人と相談しながら進めていくのがいいと思います。クリエイティブの世界は資格がない肩書きが多いので、言葉の定義も人によって少しずつ解釈が違ったり、業界によっても定義が異なったりするため、規定することがとても難しいのですが、一般的な説明をご紹介します。

## クリエイティブディレクター

クリエイティブディレクターは、CDという略称で呼ばれることもあります。**ブランドのクリエイティブの方向性の提示、制作の舵取りを担うクリエイティブの責任者**です。

ブランドの制作物は、映像、グラフィック、言葉、空間、デジタル上での体験など様々なものがあり、それらすべてが、コンセプトに基づいて高い品質で制作されているかを管理します。

クリエイティブディレクターは、プロジェクトの内容に応じて、アートディレクターやコピーライター、デザイナーなどを集めてチームをつくります。クリエイティブディレクターが入る場合、アートディレクターやデザイナーは、その指示のもとに動くことになります。

同じクリエイティブディレクターという役職でも、コピーライター出身、アートディレクター出身、ファッションデザイナー出身など、どの専門領域を強みにしているのかは人によって異なります。

### コピーライター

**ブランドから発信する言葉を考案する職種**です。ブランドの人格や個性を言語化する役割を担います。

ブランドに関わる言葉には、ブランドコンセプト、ネーミング（ブランドや商品の名前）、ステートメントなどのブランドの根幹に関わる部分から、広告の見出し、CMのナレーション、SNS投稿テキストなどのコミュニケーションに関わる部分まで多岐にわたります。

これらすべての言葉を担当し、ブランドの思想と人格に一貫性をつくります。

### ストラテジックプランナー

**ブランド戦略や、マーケティング戦略を考案する職種**です。

市場や顧客の分析、競合企業やブランドの分析、自社の強みなど、様々な視点から戦略を立てます。また、戦略を立てるための調査の設計、戦略の効果を検証し、フィードバックを行います。

### PRプランナー

PRとはパブリックリレーションズ（Public Relations）の略で、目的達成や課題解決のために世の中と関係づくりを行うあらゆる手段を指します。

ＰＲプランナーは、**ブランドが世の中と関係を構築・維持するための企画をする職種**です。

ＰＲの手法の一つとして、影響力のある第三者（メディアや有識者など）を介したアプローチがあります。

広告は「自分で自分のことを語る」のに対して、ＰＲは「第三者にブランドについて語ってもらう」ことが可能です。例えば、雑誌やウェブニュース、テレビなどに自社ブランドを紹介してもらうことで、第三者を通じてブランドが発信したいメッセージをお客様に届けます。

ＰＲプランナーの担当領域は、プレスリリースの制作や取材対応などに留まらず、ブランドのトップのスピーチやリスクマネジメントなども含まれ、ブランドが意図したメッセージを届けるための戦略・ストーリーのプランニングと実施を行います。

**グラフィックデザイナー**

**平面のデザインを専門にしているデザイナー**です。ロゴマークやポスター、パッケージデザイン、書籍などのデザイン制作を担います。

**プロダクトデザイナー**

**立体のデザインを専門にしているデザイナー**です。車、家具、家電、文具、生活雑貨などの立体物がデザインの対象となります。パッケージデザインの仕事などでは、グラフィックデザイナーとプロダクトデザイナーが共同で制作を担当することもあります。

## UX・UIデザイナー

UXデザイナー・UIデザイナーはいずれも、**オンスクリーン**（ウェブサイト、スマートフォンアプリ、商業施設などのデジタルサイネージパネルなど）**のデザインを専門にしているデザイナー**です。

以前はウェブデザイナーと呼ばれていましたが、デザイン領域が広がったため、最近はUX・UIデザイナーと呼ばれることが増えてきました。

UXは、ユーザーエクスペリエンス（User Experience）の略で、UXデザイナーは、体験設計に基づく設計構築を担います。体験設計とはいかにブランドの世界観を感じてもらえるか、あるいは、一気通貫した気持ちのよい操作感やストーリーがつくれるか、ユーザーが受け止めた印象をよりよいものにするための体験を設計することです。

UIは、ユーザーインターフェイス（User Interface）の略で、UIデザイナーは、オンスクリーン上での操作性における、専門的な知識を持って画面のデザイン制作を担います。

## インテリアデザイナー・空間デザイナー

**空間のデザインを専門にしているデザイナー**です。建物、店舗の内装、家具、インテリア雑貨などを含めた、空間での体験を設計します。

フォトグラファーやイラストレーター、映像監督など、他にもクリエイティブに関わる専門家がいます。

ただ、ブランディングの現場では、ここで紹介したメンバーを窓口に向き合うことが多いのが実情ですので、その実情に合わせて主要な専門家をご紹介しました。

ブランディングデザインは時間をかけて取り組むもので、ブランドの成長に合わせて、必要な専門領域も変わっていきます。ブランドを育てていく中で、様々な専門家の存在を知っておくことはきっと役に立つはずです。

# 4 デザイナーを探そう

## 相性のよいデザイナーと出会うために

私はこれまで大企業、中小企業を問わず、様々な方とお仕事をご一緒してきました。デザイナーとして彼らとご一緒してわかったのは、企業にはそれぞれの文化や空気があるということです。まじめな会社、フレンドリーな会社、元気な会社。会社の雰囲気は、多種多様でした。

また、同じ環境で働く人たちは、似ている空気を纏っていることが多いな、と以前から思っていました。採用で人を選抜していることが多いので、似てくるのは当然なのかもしれません。

ブランディングデザインに一緒に取り組むデザイナーを見つける際は、**自社の文化、社風に合うデザイナーを見つけることが大切**です。

広告やロゴデザインのような単発の仕事であれば、それほど慎重になる必要はないのですが、ブランディングデザインを実践するとなると、企業の中枢に関わることになります。すなわち、長期的に付き合うことが前提になりますので、どのようなデザイナーと協業するかで、ブランドの姿も変化します。

プロジェクトを始める前に、チェックしていただきたいポイントは以下の三つです。

ちなみに、以降の説明においては、特別な意図がない限り、ブランディングデザインに取り組むデザインの専門家を、「デザイナー」と表記しています。

人によってはクリエイティブディレクター、アートディレクター、ブランディングデザイナーなどの肩書きでブランディングデザインに取り組む専門家もいますが、表記上複雑になってしまうため、デザイナーに統一しています。

## 相性のよいデザイナーと出会うためのポイント

### 〈1〉過去作品を調べる

過去作品はデザイナーのホームページや、SNSでチェックすることができます。事例を公開していないデザイナーもいるため、その場合は作品集を取り寄せます。

過去作品を見たうえで、確認したいポイントは次の二つです。

一つ目は、「ブランディングの事例があるか」です。デザイナーも人によって、仕事の内容にはかなり幅があります。ロゴマークだけを専門にしている人や、ウェブデザインだけを専門にしている人など、領域に特化しているデザイナーも多いです。

ブランディングデザインを一緒に取り組むパートナーを見つけたい場合は、ブランディングの事例が過去作品の中にあるかどうかを確認しましょう。

二つ目は、「求める世界観を表現できそうか」です。プロのデザイナーはある程度幅のある表現はできますが、それぞれの得意な表現があります。ポップ・上品・クールなど、その人が得意な表現が、自社ブランドの求める世界観と合うかどうかを確認しましょう。

## 〈2〉思想を知る

デザイナーと一口に言っても、大切にしていることは人それぞれです。例えば私自身で言うと、「長く愛されるブランドをつくる」ことを目指していますが、長く残るものよりもトレンド感を求める場合もあると思います。

このようなズレは、プロジェクトを進める中ですれ違いの原因になります。デザイナーの思想を事前に知るために、ホームページの中に思想が書かれているかをチェックしましょう。雑誌やウェブメディアの記事などで紹介されていることもあります。作品を見ただけでは、どのような課題をどのような考えのもとで解決したのかはわからないため、思想を事前に調べることをおすすめします。

## 〈3〉人柄を知る

人柄については、最後の最後には直感に頼るしかありませんが、仕事をお願いする前に、デザイナーと何度か話してみたうえで依頼をするのがおすすめです。

何度か話し、「自社の抱える課題を理解してもらうことができそうか」「社内のメンバーと連携できそうか」「やりとりにストレスを感じないか」などを、判断してください。話していてワクワクする、この人とならブランドをよりよくできそうだ、という感覚も欠かせないポイントです。

複数のデザイナーと会って、比較してみるのもいいでしょう。

ブランディングデザインに一緒に取り組むデザイナーは、ブランドのデザインを監督する立場です。わかりやすく表現すると、企業内のデザイン部長のような役割を担います。それほど重要なポジションのため、合わない人をアサインすると、お互いにとって不幸で、プロジェクトはうまくいきません。仕事をお願いする前に、一度じっくりお話ししてみることをおすすめします。

時々、やみくもにたくさんのデザイナーをアサインしている企業を見かけますが、企業側でデザインをコントロールできる人がいないと、ブランドがバラバラになってしまいます。ブレーンとなるデザイナーは一人に絞り、その人を中心にチームを組むようにしましょう。

# 第 3 章

# デザインを使おう

## 1　ブランドデザインサイクル

ブランディングデザインは、一度やって終わり、というものではなく、長期で取り組むことが前提です。プロセスを繰り返しながら、ブランドをどんどん強固にし、競合が簡単に真似できない状態をつくっていきます。

ブランディングデザインは、円のようにぐるぐる回しながら、その輪をどんどん大きくしていくイメージに近いと考えています。

そこで、渦を描くように回転し、ブランドを成長させていく独自のプロセスを開発しました。このプロセスは、私が電通で働いてきた15年の経験をもとに開発したものです。それを「**ブランドデザインサイクル**」と名づけました。

ブランドデザインサイクルは、五つのステップで進行します。

- STEP1　分析する
- STEP2　コンセプトをつくる
- STEP3　カタチをつくる
- STEP4　伝える
- STEP5　育てる

〈ブランドデザインサイクル〉

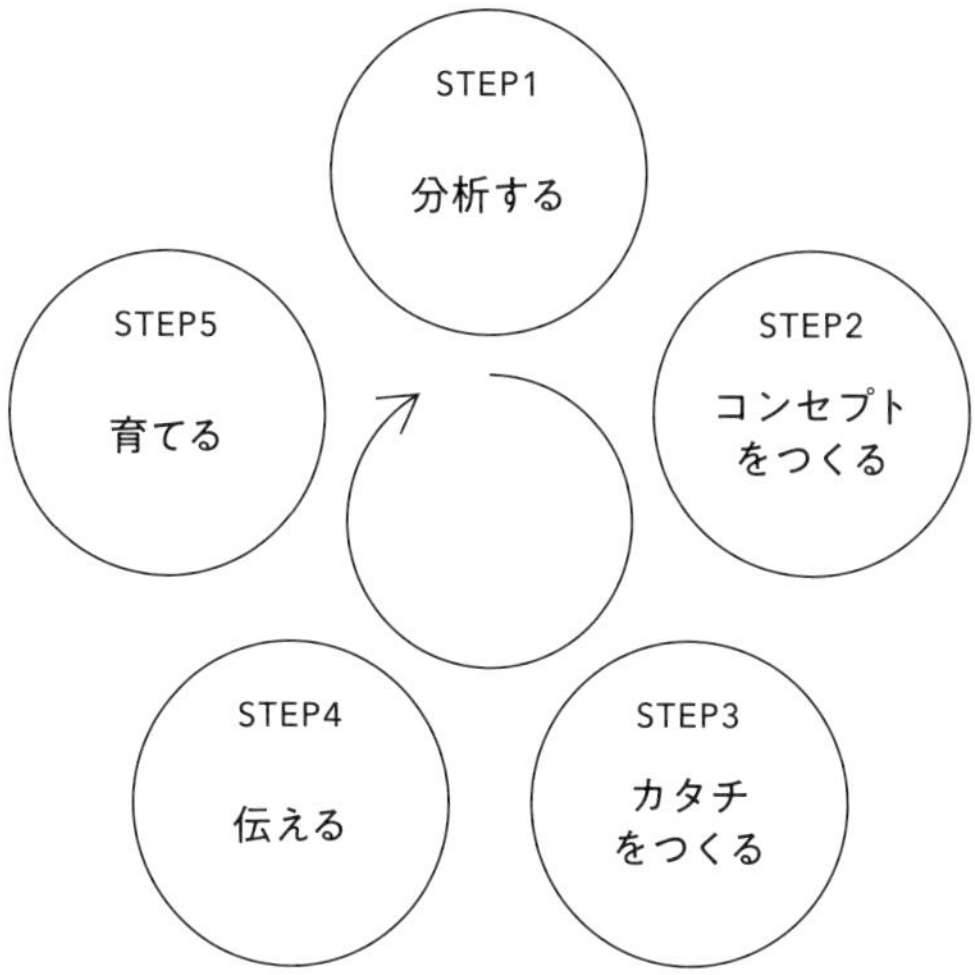


広告会社におけるアートディレクターとしての仕事は、STEP3と4にあたる「カタチをつくる」「伝える」ことが中心でした。主に、目に見えるデザインの部分です。目に見えるデザインは、ブランディングデザインにおいてとても大切ですが、それだけでは解決できない課題が増えてきているのも事実です。

ブランドの独自性を明確にしたうえで、目に見えるデザインに移行できるように、「分析する」「コンセプトをつくる」という二つのプロセスを追加しました。この二つは、ブランドの根幹をつくるプロセスにあたります。

小さなプロジェクトだと、大人数のチームを編成することが難しい場合も多いので、デザイナーが主導でも最大限の効果が出るように、「分析する」「コンセプトをつくる」の中身は極力シンプルに組み立てています。

また、ブランディングデザインは更新しながら完成度を高めていくもの。デザインを断片的に終わらせず、次につなげることが「育てる」プロセスの狙いです。

**最も大事なことは、プロセスを断片的に実施しないこと**です。ブランディングデザインを実践すると決めたら、これから紹介する五つのステップをまずは一巡、実施してみてください。そのうえで初めて効果を感じられるはずです。

ちなみにブランドデザインサイクルのプロセスを一連で実施する期間として、規模によりますが一年くらいは見込んでください。

## ＳＴＥＰ１　分析する

ＳＴＥＰ１は情報を集め、分析するフェーズです。ここで集めた情報をもとに、ＳＴＥＰ２のブランドコンセプトを開発することになります。

この時、やみくもに情報を集めると時間や手間がかかりすぎるため、フレームワークの３Ｃ分析を使用して、分析を行う方法をご紹介します。

### 〈ブランドデザインサイクルの詳細〉

**STEP1 分析する**

①プロジェクトチームをつくる
②ゴールを設定する
③リサーチをする
- 自社について
- 市場・顧客について
- 競合について

④整理する

**STEP2 コンセプトをつくる**

①ブランドコンセプトをつくる
- コンセプトワークシート
- チェックする

②ネーミングをつくる
③ステートメントをつくる

**STEP3 カタチをつくる**

①ビジュアル・アイデンティティ(VI)をつくる
- ロゴマーク
- ルックアンドフィール
- カラーパレット
- 推奨書体

②ブランドガイドラインをつくる
③商品・ツールをつくる

**STEP4 伝える**

①インナー・ブランディング
②広告をつくる
③PRをする
④SNSを運用する

**STEP5 育てる**

①ブランドを育てる
②仕組みを見直す

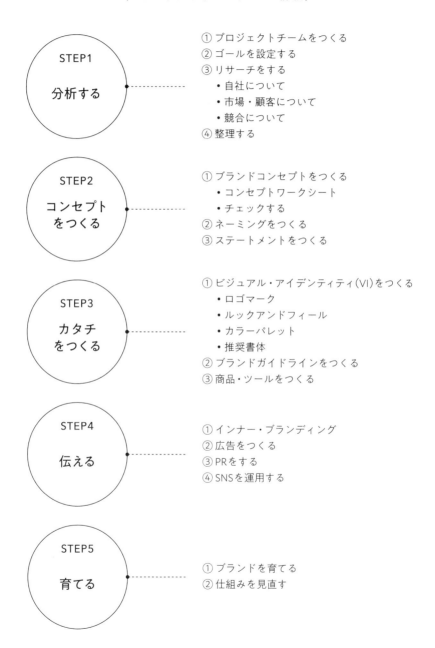

## ①プロジェクトチームをつくる

プロジェクトを始める前に、ブランディングデザインのチームを編成します。企業の規模や体制により難しいかもしれませんが、可能であれば**できるだけ少人数**で、深い議論ができる体制で開始しましょう。

日本では同調圧力が強いとされていますが、大人数のチームになると、多数決や、ネガティブな要素の指摘が多数なされることで、案が平均的なものになってしまう傾向が高まります。

このような体制でプロジェクトを進行すると、個性がなくなり、凡庸なものが生まれやすくなります。意思決定の責任が分散されることで、誰の想いもないブランドや商品が生まれてしまうのです。

ブランディングデザインは「らしさ」の可視化を目指す取り組みなので、平均化されてしまうと実施する意味がありません。

プロジェクトチームは、ブランディングデザインを実施するデザイナーとブランドのトップを中心に編成します。各現場の担当者に参加してもらう場合は、視点が偏らないように、部署を横断して、メンバーをアサインします。

この時、プロジェクトチームには必ず、デザイナーによる提案物を決定できる人を含めるようにしてください。

また、チーム内では、上下関係にとらわれずに、**全員が正直な意見を話せる環境づくりを大切にしましょう。**電通でも、クリエイティブに関わる打ち合わせは、アイデアを否定しないということが徹底されていました。人のアイデアを否定せず、全員が意見を言い合える空気が大切です。

メンバー間で、本音を話し合うことができないと、ブランディングがとても表面的なものになってしまいます。

クリエイティブチームとして、デザイナーの他に、クリエイティブディレクター、ストラテジックプランナーやコピーライター、ＰＲプランナーなど、各領域の専門家が参加することもあります。

クリエイティブメンバーが増えればその分、より深い分析とクオリティの高いクリエイティブが期待できますが、プロジェクトにかけられる全体予算の制限や、企業や商品の特性により相性もあるので、中心になるデザイナーと相談してチームを編成します。

私の経験では、クリエイティブメンバーを含めたチームの人数が10名以上になると、当たり障りのない結論にまとまってしまったり、会議が長引いてしまい、深い議論ができなかったりすることが多いと感じます。

大企業の場合は、様々な部署のメンバーの意見を聞くことも必要だと思いますので、その場合は、コアメンバーを少人数で編成し、分科会で各部署にインタビューをするなど、要所要所で意見を聞きながら進める体制をおすすめしています。

**②ゴールを設定する**

プロジェクトチームを編成したら、プロジェクトのゴールを設定し、各ステップの内容と期間を示したロードマップを制作します。私が過去に関わった仕事では、ブランディングデザインに取り組むゴールには次のようなものがありました。

- 自社の技術力を使った、新ブランドを開発する
- 既存ブランドを今の時代に合った姿に、リブランディングする
- 既存ブランドへの理解を社内で統一し、一貫した方針のもとブランドを運営する

このように、プロジェクトのゴールを設定したうえで、ロードマップを制作します。ロードマップで、次の情報を明確にしましょう。

**❶何に取り組むのか**……プロジェクトのゴールに応じて、ブランドデザインサイクルの中でも不要なタスクが出てくる場合があります。このプロジェクトの中では、何に取り組み、何を制作するのかをチーム内で明確にします。

〈新ブランド開発のロードマップの例〉

| 期間 | 工程 | 内容 |
| --- | --- | --- |
| 約2ヶ月 | 分析する | 自社、市場・顧客、競合についてのリサーチを行い、資産を棚卸しをします。 |
| 約2ヶ月 | コンセプトをつくる | 分析の結果をもとに、ブランドコンセプトを開発します。 |
| 約1ヶ月 | ネーミングをつくる | ネーミングを開発します。 |
| 約6ヶ月 | ロゴマークのデザイン | ロゴマークを開発します。 |
| | ブランドガイドラインの制作 | ブランドガイドラインを制作します。 |
| | 商品開発 | 商品開発を行います。パッケージデザインを制作します。 |
| 約2ヶ月 | 広告の企画制作 | 広告の企画と制作を行います。 |
| X月X日 | ブランドローンチ | 新商品の販売を開始します。 |

❷取り組む順序……何をどの順序で取り組むのかを、見える化し、認識を揃えます。
❸各ステップにかける期間の目安……五つのステップにかける、目安の期間を確認します。プロジェクトのローンチ[1]時期が決まっている場合は、逆算して期間を設定します。

本書では、中小企業でも取り入れやすいように、シンプルなプロセスに整理していますが、それぞれもっと深めることもできますし、必要に応じて順番を入れ替えることも可能です。

いずれにしても、プロジェクトのロードマップをつくり、いつまでにどういうゴールを達成したいのかを、チームで最初に確認しておくようにしましょう。

### ③リサーチをする

リサーチを実施します。リサーチの方法は、3C分析[2]のフレームワークを使用します。ご存知の方も多いと思いますが、3CのCは、「Company:自社」「Customer:市場・顧客」「Competitor：競合」の三つの頭文字です。

リサーチは、3Cに基づき、自社（自分たちの会社について）、市場・顧客（世の中の状況やお客様について）、競合（ライバルになり得る他のブランドについて）の

1 ローンチ
ローンチとは、新商品・新サービスの発売を開始することです。新たな広告キャンペーンを開始する際にも使用する言葉です。

2 3C分析
経営コンサルタントの大前研一氏が1982年に英語で著した『The Mind of the Strategist』の中で、提唱されました。基礎的で汎用性の高い分析方法だと言われています。

〈「リサーチをする」で取り組むこと〉

| | |
|---|---|
| 自社<br>COMPANY | • インタビュー<br>（ビジョン、強み、歴史・文化）<br>• 客観的な評価<br>• フィールドワーク |
| 市場・顧客<br>CUSTOMER | • 市場のニュースやトレンドを知る<br>• ターゲット設定<br>• ターゲットインタビュー<br>• ペルソナをつくる |
| 競合<br>COMPETITOR | • 競合をリストアップする<br>• ベンチマークを見つける<br>• ポジショニングマップをつくる |

三つの視点で見ていきましょう。

ストラテジックプランナーがプロジェクトに参加し、精度の高い分析ができることが望ましいですが、小規模なプロジェクトの場合はデザイナー主導のリサーチだけでも十分に効果があります。

まずは3Cの視点で、ブランドを取り巻く環境を把握していきましょう。マーケティングを目的にしている場合、データの分析や調査などの客観的事実を中心にリサーチをする場合もありますが、ブランディングデザインでは「好き」という気持ち、すなわち、ブランドへの愛着をつくることを目的にしています。

「好き」を生み出すためのブランディングデザインにおいて、**人の気持ちが非常に大切な要素**です。そのため、データの分析や調査よりも、トップの想いを最初に聞くことが大切だと考えています。ブランドの中心になる人に想いがないと、魅力的なブランドにはなりません。

よって、リサーチ段階ではまず、トップの想いや抱えている課題などを丁寧に聞くために、「自社」の分析を最初に行い、整理していきます。それと同時に、想いが強すぎて、ブランドが独りよがりなものにならないよう、客観的な視点を持つために、「市場・顧客」「競合」の分析を実施します。

ブランドデザインサイクルにおいて、重要度が高い「自社」「市場・顧客」「競合」

の順番に分析を進めていきます。

## 自社について

自社や自社ブランドについて知るために、以下の三つに取り組みます。

### ❶インタビュー（ビジョン、自社の強み、歴史・文化を知る）

自社ブランドについての理解を深めるためにインタビューを実施します。インタビューするのは、企業のトップである経営者、もしくはブランドマネージャーなどのブランドのトップが中心になりますが、必要であればコアメンバーや現場スタッフなどへも実施します。

ここで確認したいのは、大きく三つあり、「ビジョン」「自社の強み」「歴史・文化」についてです。

「ビジョン」は、自社ブランドの社会的意義や、ブランドに関わるメンバーにどういう価値観と行動を求めるのかといった、ブランドの哲学となる部分です。

哲学は、ブランドの「らしさ」に直結します。「最も個人的なことが、最もクリエイティブなこと」というマーティン・スコセッシの有名な言葉がありますが、経営においても、トップの個人的な想いの中に一番大切な価値が埋まっていることが多いのです。

- なぜこのブランドを始めようと思ったのか
- このブランドはお客様に何を提供するのか
- このブランドの社会的意義は何か

など、デザイナーから問いを投げかけることで、言語化されていないブランドの根幹を見つけていきましょう。ここでは、数値的な目標ではなく、ブランドのあるべき姿を捉えていきます。

「自社の強み」は、技術力や組織など、他のブランドが簡単に真似できない部分のことです。ヒアリングをする過程で、

- 地域に根差した事業を展開している
- 若者をターゲットにした商品開発を得意としている
- 高い技術力がある
- 優秀な社員を育てる教育の仕組みがある

など、具体的に強みを書き出してみましょう。自分たちにとっては当たり前のことでも、外から見ると特徴的な技術や仕組みだというケースもよくあります。

また、一見ネガティブな要素が、実は強みだったというケースもあります。例えば、

競合と比べて「価格が高い」という一見ネガティブな要素も、高価な原材料を使用していたり、製造コストに時間がかかっていたりするのであれば、「クオリティにこだわる」と言い換えることができるかもしれません。客観的な視点で、自社ブランドのオリジナリティを捉えていきます。

自社ブランドの「歴史・文化」についてもリサーチを行います。

歴史とは、創業から現在に至るまでの時代ごとの変遷のことです。従業員や関わってきた人、当時の歴史的背景、商品などに関する重要度が高い出来事を、時系列で整理していきます。

ブランドのトップも古い歴史を知らない場合は、創業者や、昔から勤めている社員にインタビューしてもいいでしょう。

文化とは、社内で共有されている価値観や行動規範のことです。

- 自主性を重んじる
- 遊び心を持つ
- スピードを最優先する
- 仲間を大切にする

など、社内の共通認識となっている価値観や行動規範があるはずです。企業文化の例として、メルカリは公式サイトの中で、「Go Bold：大胆にやろう」「All for One：全ては成功のために」「Be a Pro：プロフェッショナルであれ」の、三つを掲げています。[3]
企業にある、価値観や行動規範をインタビューを通じて探り、書き出していくことで、根底にある思想が見つかるはずです。歴史や文化は、他の企業には簡単に真似ができないブランドのオリジナリティが眠っていることがよくあります。古い歴史からも大きな魅力を発見できることもあります。

企業やブランドは、目に見える価値よりも、まだ見えていない価値のほうが大きいことがよくあり、その様子は氷山に例えられます。

自分の魅力は意外と自分ではわからないものです。言い換えると、ブランドの個性は、外部から見たほうが発見できることが多いのです。自分たちは強みだと思っていることが、他人からすると意外とわかりにくかったり、逆に「こんな当たり前のことが強みになるのか」と驚かれたりすることもあります。

外部の人材であるデザイナーやクリエイティブチームのメンバーによるインタビューを通して、まだ目に見えていない価値を棚卸ししていきましょう。

このフェーズでは、コアメンバー以外の社員を巻き込み、ワークショップを実施するケースもあります。リサーチ時点では、ブランドを取り巻く環境を棚卸しする狙い

3 参考文献
mercari.〝私たちについて〟

〈目に見える価値とまだ見えていない価値〉

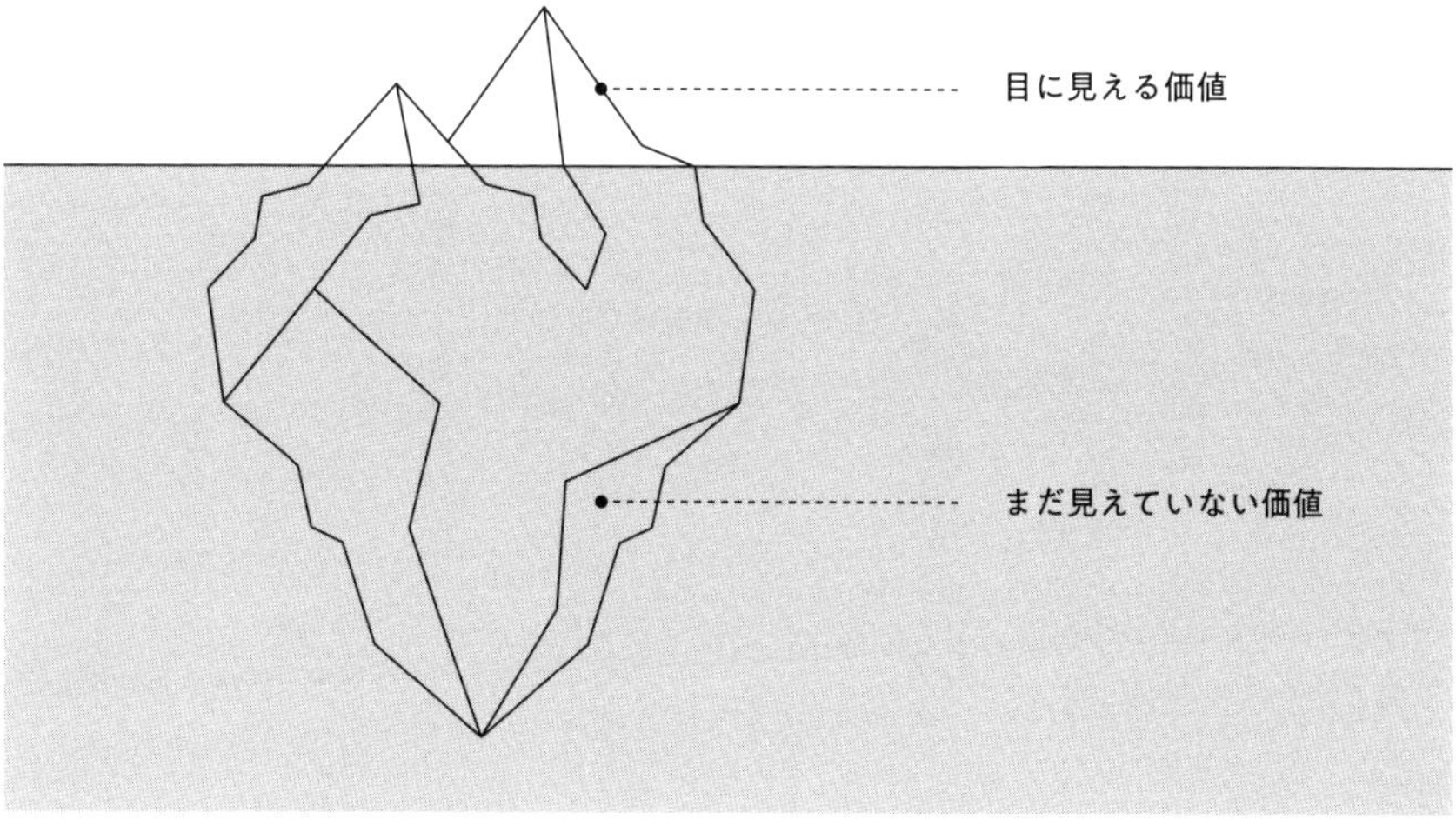


が大きいため、情報を絞り込むよりも、様々な意見を出し合って情報量を増やし、チームで共有しましょう。

## ❷客観的な評価を調べる

企業やブランドが、世の中からどのように評価されているのかもリサーチします。客観的な評価を調べる方法はいくつかありますが、簡単なのは、SNSや検索エンジンで企業や商品の評判を調べてみることです。

SNSやメディアなどでの情報を通じて、自分たちのブランドが、どう捉えられているかを確認します。例えばSNS〈ツイッター〈現・X〉やインスタグラムなど〉でハッシュタグ検索をすれば、ブランドに関わるリアルな声を知ることができます。検索エンジン（グーグルやヤフーなど）で検索をすれば、自社ブランドについてまとめられた記事が見つかることもあります。

さらに詳しく知りたい場合は、お客様へのインタビューやアンケートを実施し、より深い意見を聞いてみましょう。複数名のお客様にお願いして、一時間ほどのインタビューを実施することもありますし、アンケートフォームなどを作成して、お客様の声を集める場合もあります。

ポジティブな意見もネガティブな意見もフラットに集め、今後のブランドづくりの参考にしましょう。

### ❸フィールドワーク

フィールドワークは、現地を訪れ様子を観察したり、実際の商品やサービスを使ったりすることを指します。

私自身も、新規でブランドを担当することになった場合は、必ず店舗に行き、商品が売られている様子を観察し、商品を実際に使うようにしています。現地に行くと、商品の意外な強みや弱みが見つかる、ユーザーとして想定していなかった意外なお客様に出会うなど、資料だけではわからないことを見つけられるというメリットがあります。現場での地道な努力が「好き」の発見のヒントになります。

「好き」をつくるためには、データや資料の情報だけに捉われずに、現場に赴くことも含め、**自分の五感を使ってブランドを捉えなければなりません。**

また、ブランドデザインサイクルの「ＳＴＥＰ２　コンセプトをつくる」以降のプロセスでは、リアルなお客様を頭の中に思い描き、お客様にとって魅力的なブランドになっているかを、想像しながら進めていくことが必要になります。

フィールドワークを通じて、ブランドがどのような場所でどのようなお客様に出会うのかを、チームの全員がリアルに想像できる状態をつくっておきましょう。

最初の印象は、ブランドに長く関わると気づかなくなってしまうこともあるので、客観的な気づきがあれば、プロジェクトの途中でいつでも振り返ることができるよう、写真やメモなどに残しておくとよいでしょう。

## 市場・顧客について

市場・顧客について、つまり世の中の状況やお客様について知るために、以下の四つに取り組みましょう。

### ❶市場のニュースやトレンドを知る

自社ブランドが参入する市場について調べます。普段の仕事で、マーケティングに関わりがない方でも、「自動車市場」「飲料市場」「美容市場」などという言葉は、聞いたことがあるのではないでしょうか。

自分たちのブランドが参入する市場を決めたうえで、その状況を把握するために、市場のトレンドやニュースを調べます。現状を把握することで、今後どんなニーズがありそうかをイメージするためです。

ＳＮＳや検索エンジンを使用し、最近はどのようなブランドに人気があるのかを調べてみましょう。例えば、私がよく担当する美容カテゴリーの場合は、「ヒットコスメ」「注目コスメ」などのキーワードで検索すると、最近のトレンドをまとめた様々な記事を読むことができます。ＳＮＳでハッシュタグ検索を行えば、お客様の声を直接知ることも可能です。

書店へ行って、雑誌や書籍を見てみるのもよいでしょう。自動車や美容などはそれぞれの専門誌もあるので、雑誌をパラパラと見るだけでも、最近はどのようなブランドが人気を集めているかを知ることができるはずです。また、雑誌は、ユニークなキャッチフレーズが使われていることが多いので、どのようなキーワードが今、注目されているかもチェックし、参考にできそうな情報を集めていきましょう。

## ❷ターゲット設定

ターゲットを設定し、どういう人に届けたいのか、チーム内で認識を揃えていきます。「可能性を狭めたくないので、すべての人をターゲットにしたい」と相談をいただくこともあるのですが、すでに第1章で説明したように、今は価値観が多様化しているため、すべての人をターゲットにすると、言いたいことや世界観がぼやけてしまいます。

「これでいい」ではなく「これがいい」と思ってもらうため、いったいどういう人がブランドのファンになってくれそうなのかを、チームで共通認識を持ちましょう。

まずは、ざっくりとブランドのターゲットを設定します。例えば、「20、30代の女性で美容感度の高い人」「30、40代の男性でお酒が好きな人」「70代以上のシニア層」など。

あまり細かく設定しすぎず、二つから三つくらいの条件を選んでターゲットを設定してみてください。

### ❸ターゲットインタビュー

❷でターゲットをざっくり設定したうえで、条件に当てはまる人を数名集め、インタビューを実施します。

最も手軽な方法は、チームメンバーの知り合いで、条件に当てはまる人たちに声をかけてみることです。精度の高いインタビューを実施する場合は、ターゲットの属性が偏らないように、全国からターゲットを集める方法もあります。

普段、何気なく生活を過ごしている中で関わるのは、自分に近い属性、コミュニティで生活している人ばかりになるため、全く違う年齢層やコミュニティの人に対して知識が足りていないことがよくあります。

この時、チームメンバーが、架空のイメージのまま、プロジェクトを進行してしまうのはとても危険です。実際にターゲットとなるお客様の想いやライフスタイルと、ズレたものをつくってしまう場合があるからです。

このような状況に陥らないように、ターゲットインタビューは必ず実施するようにしましょう。

ターゲットインタビューの際は、商品に関わる質問だけではなく、洋服や好きなもの、ライフスタイルなども聞くことで、ブランドの世界観や商品開発のヒントも得るようにしましょう。

「この人はどういうことに普段ワクワクするのだろう」「どういうアプローチなら魅力的に感じてくれるのだろう」というアンテナを立てながら、インタビューを実施していきます。

### ❹ペルソナをつくる

❸で実施したターゲットインタビューをもとにして、ペルソナを設定します。ペルソナとは、サービス・商品の典型的なユーザー像のことです。ターゲットはお客様を

〈ターゲットとペルソナの違い〉[4]

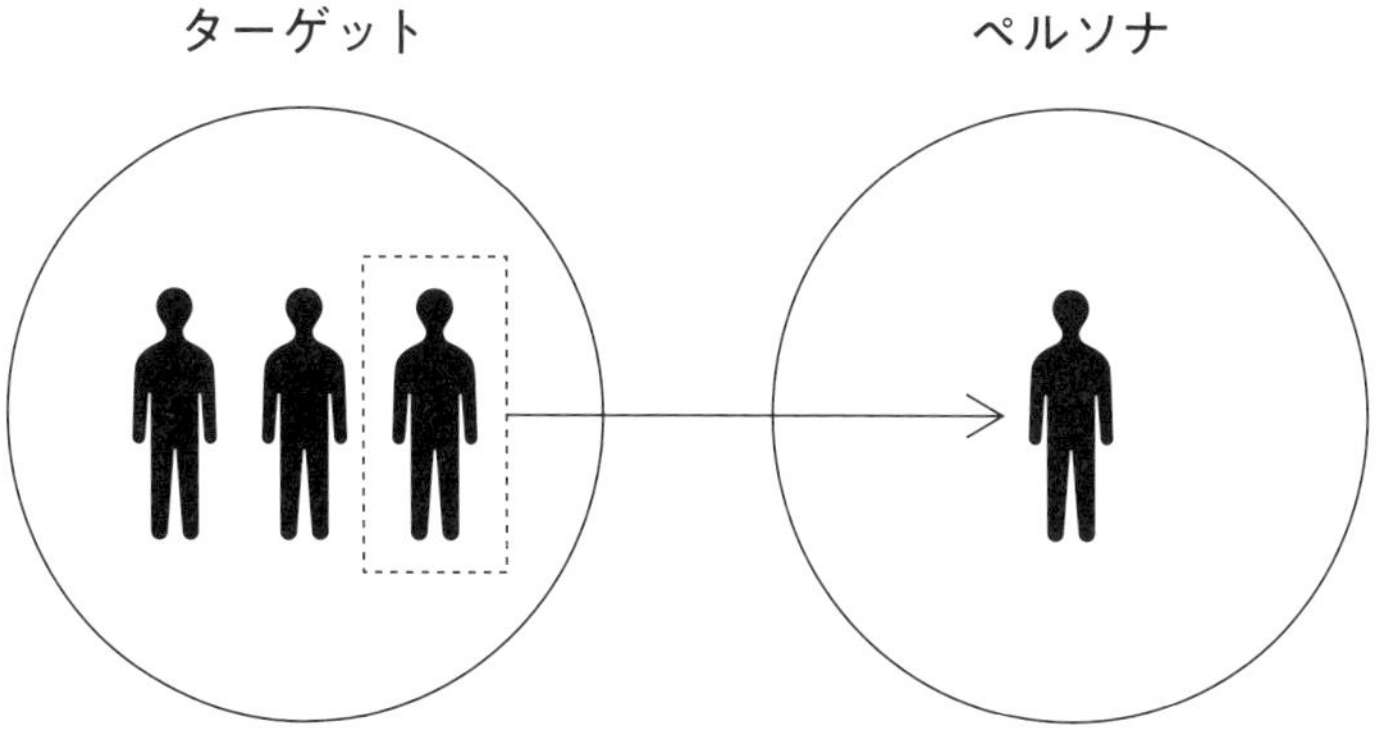
お客様を
グルーピングした集団
ターゲットの中から抽出した
一人の人物像


集団として捉えますが、ペルソナはターゲットの中の一人の人物像を細かく設定したものです。

ペルソナをつくることで、ターゲットのイメージをさらに解像度高く、チーム全員がイメージできるようになります。

よくある失敗は、「こんな人、本当にいるんだっけ?」という、ブランドにとって都合のいい設定でペルソナをつくってしまうことです。

ブランディングデザインを進めるにあたって、設定したペルソナに該当するような人物が、ブランドを本当に「好き」になってくれるかどうかをその都度想像していくことが大切ですが、そのために

4 **図の引用**
阿佐見 綾香『電通現役戦略プランナーのヒットをつくる調べ方の教科書』(PHP研究所、2021)

は、リアリティが担保されている必要があります。

ですから、ペルソナは必ず、すでに実施したターゲットインタビューを参考にし、**実在する人物をイメージしながら設定する**ようにしてください。

具体的な人物を全員でイメージできると、単なる情報としてのペルソナではなく、今後様々なことを決定する際の指針になります。「あの人ならどちらの案が好きだろう」「あの人ならどういう伝え方をすれば興味を持つだろう」というように、今後プロジェクトチームが意思決定をする際の参考にしていくのです。

ペルソナをつくる際に決める項目は、商品カテゴリーによっても異なりますが、設定が難しい場合は、次のテンプレートを参考に作成してみましょう。またテキスト情報だけではなく、イメージに近い人の写真を集め、雰囲気をチームで共有するようにします。

## 競合について

競合、つまりライバルになり得る他のブランドについて知るために、以下の三つに取り組みます。

### ❶競合をリストアップする

〈ペルソナのテンプレート〉

# ペルソナ

雰囲気のわかる写真
（顔）

雰囲気のわかる写真
（全身）

| 基本情報 |
| --- |
| 名前 |
| 家族構成 |
| 年齢 |
| 年収 |
| 職業 |
| 住んでいる場所 |

| 行動 |
| --- |
| 趣味 |
| 好きな場所やお店 |
| 好きな映画や音楽、本 |
| よく見るメディア |

価値観（何を大切にしているか）

競合ブランドをリストアップし、トレンドや参考にできそうなことを整理します。「これがいい」と思ってもらうためには他のブランドにはないオリジナリティをつくり出さなければなりませんが、そのためにはまずライバルを知る必要があります。チームで、同じカテゴリーの中で競合となりそうなブランドをリストアップし、整理していきましょう。

リストアップの方法は自由ですが、私の場合は、エクセルなどに、ブランドの名前、公式サイトへのリンク、商品画像などをまとめ、競合ブランドをチームメンバーが俯瞰できる表を制作します。

例えば新しい美容ブランドを開発する場合、競合になりそうなのは、百貨店の一階に売られているようなラグジュアリーブランドなのか、もしくはドラッグストアに売られているプチプラ[5]ブランドなのか、それともECをメインにしたD2C[6]ブランドなのか。目指しているブランドの方向性に応じて、競合ブランドは変化します。

競合ブランドをリストアップする狙いは、ライバルを知る目的の他に、チームの中で目指している方向性にズレがないかを確認するためでもあります。

また、ブランディングデザインにおいては、競合のブランドイメージを把握しておくことも重要です。

競合ブランドが、どのような写真や、ブランドカラーを使用しているのか。それに

5 **プチプラ**
プチプライスの略。プチプライスは和製英語で、petitというフランス語とpriceという英語を組み合わせた造語です。プチには、可愛いというニュアンスが含まれているので、プチプラは「安くて可愛いもの」という意味で使います。

6 **D2C**
Direct to Consumerの略。企業がECサイト上で、販売会社を通さずに、お客様に直接自社製品を販売する方法のことです。

よって、自分たちのブランドはどう差別化すべきかが変わってきます。

イメージを整理する際は、あまり数が多いと作業が増えすぎるため、競合ブランドの中でも重要となりそうな三～五つのブランドに絞ったうえで、整理していきます。

こちらも、整理の方法は自由ですが、私の場合は、一ページにつき一ブランドとし、ロゴマークのデザイン、ブランドカラー、店頭の写真やホームページに使われている写真などをマッピングして、一枚でそのブランドの世界観が直感的に摑めるように整理していきます。

この際、**競合をどう捉えるかについて注意が必要**です。違う視点を持つという意味で、カテゴリー外の競合の提供している商品や、訴求のポイントを知っておくことで視野を広げることができます。カテゴリー外の競合というのは、「商品やサービスを通じて成し遂げたいこと」が共通している競合のことです。

この点について、シャンプーを例に考えてみましょう。成し遂げたいことが「髪を美しくする」だと捉えると、カテゴリー外の競合として、ドライヤーなどの美容家電が競合と考えられます。また、サプリメントなどの健康食品の場合は成し遂げたいことが「栄養補給」だとすると、野菜ジュースなどの飲料が競合と考えられるでしょう。

カテゴリー外の競合が、新しい切り口を見つけるヒントになることがよくあるので、参考にしてみてください。

私自身も、自分の視野が狭くならないよう、ターゲットが興味を持ちそうな、他のカテゴリーを調べてみることがよくあります。例えば、美容ブランドの場合は、アパレル業界のトレンドを調べてみる、健康食品の場合は、運動や筋トレなどのトレンドを調べてみる、などです。

その結果、新たな競合が見つかるだけではなく、時代の潮流や価値観の変化が見えてくることもあります。

競合ブランドを調べていく際に、同じカテゴリーばかりを見てしまい、細かい機能訴求や価格の勝負に陥ってしまうのはよくないパターンです。狭いところばかり見てしまうと、世の中から見た時には微差にしかならず、新しいものに見えない商品をつくってしまうという失敗がよく起こります。

自分たちのブランドが、オリジナリティのあるものになるように、視野を広く持つことを意識してください。

## ❷ベンチマークを見つける

競合分析に集中していると、「これはやめよう」「あれもやめよう」と差別化することばかりに考え方が偏ってしまうことがあります。「もうすでにたくさんのブランドが存在する中で、新しいものをつくることなんてできないのでは」というネガティブな空気がチームに流れてしまうこともあります。

そのような事態を避けるために、私は競合の分析をすることよりも、ベンチマークをプロジェクトチームで共有することを重視しています。

ベンチマークとは、目標とする指標のこと。同じカテゴリーではなくても、「こういう世界観を目指したい」「このブランドのここが素晴らしい」と感じる事例があれば、ベンチマークとしてチームで共有しましょう。**みんなが好きなものや感動した体験を共有する**ことで、チームのメンバーもワクワクできるはずです。

共有する内容は、商品やテクノロジーだけではなく、店舗のデザイン、スタッフのサービス、ネーミングなどでも構いません。「あのブランドでの、こういう体験が素敵だった」という情報の共有は、今後プロジェクトを進めていくうえで、とても参考になります。

実際の経験として、私が美容ブランドのブランディングデザインに携わっている際に、ブランドのトップから「日本料亭」をベンチマークにするのはどうか、という意見が出たことがあります。

和食には、厳選された食材を使い、余分に足すことなく、手間ひまをかけて、旨味や素材本来のポテンシャルを引き出すという独自の発想があります。また、日本料亭という空間には、華美ではなく、ミニマルな要素の中に研ぎ澄まされた美意識が感じられます。これらの要素を、自社のブランドに取り入れることはできないか、という内容でした。

このような独自のベンチマークを見つけることができれば、競合ブランドに埋もれることのない、独自性のあるブランドの姿が見えてくるでしょう。

### ❸ポジショニングマップをつくる

❶❷の情報をもとに、ブランドのポジショニングマップをつくります。ポジショニングマップとは、縦軸と横軸を設定した四象限に、自社ブランドと競合ブランドを配置した図のことです。

ポジショニングマップをつくる目的は、競合との位置関係を明確にし、ブランドの立ち位置を明確にすることにあります。

ポジショニングマップの二軸に設定する要素は、「お客様がブランドを選ぶ際に重視する要素」の中から二つを選びます。例えば「値段」「品質」「機能性」などがあります。これらの要素の中から、自社に強みがある要素を選び、マップを制作します。

この時、二軸は独立した関係のものを選ぶことが大切です。例えば、「値段」と「機能」を設定すると、ほとんどの場合値段が上がれば機能も上がるので、二軸で整理する意味があまりなくなってしまいます。

二軸の設定で、オリジナリティのあるポジションが見つかることもあります。試行錯誤しながら、ブランドが強みを発揮できる軸を見つけていきましょう。

〈アパレルブランドのポジショニングマップの例〉

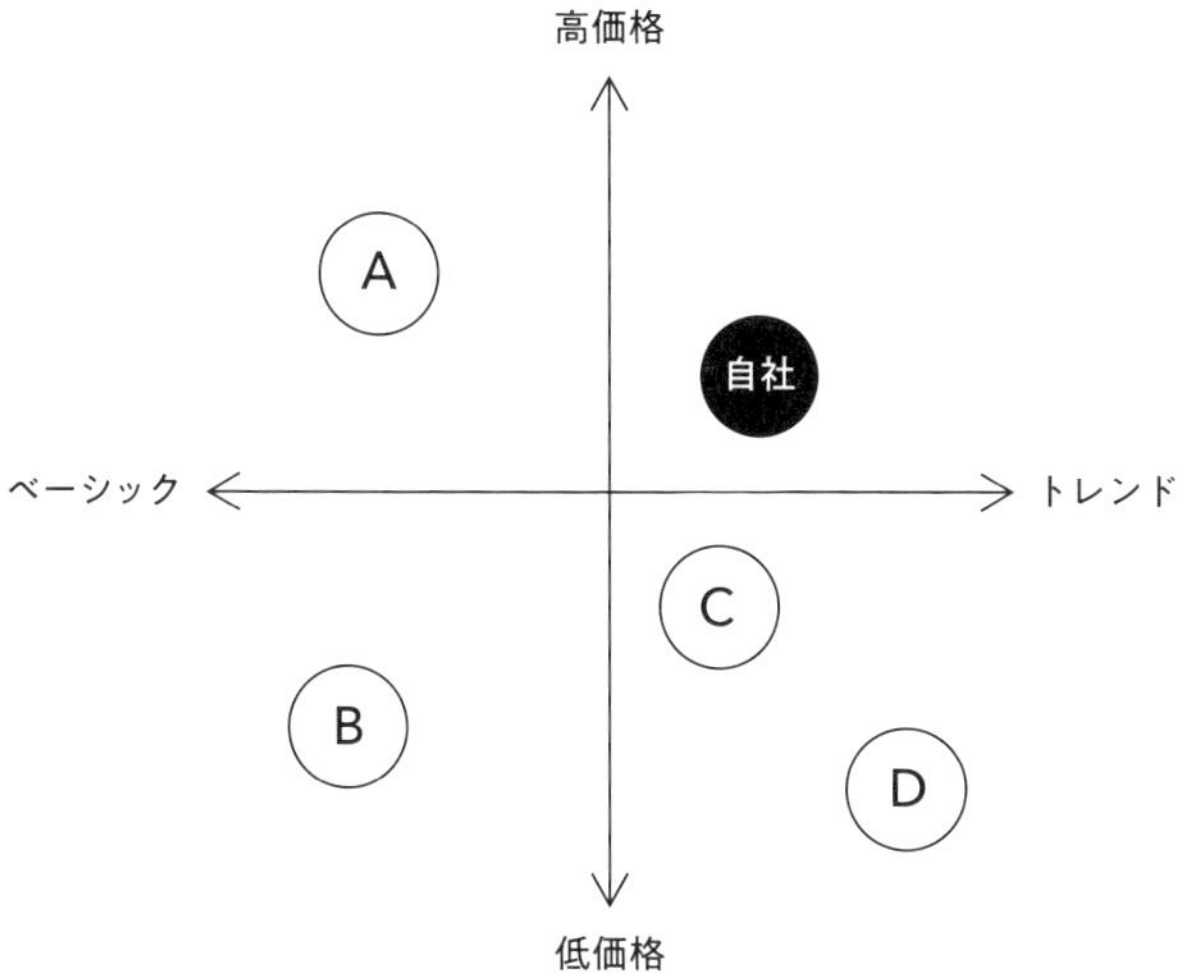


## ④ 整理する

ここまでで、リサーチは終了です。すでにたくさんの情報が棚卸しされているはずです。一度ここまでに集めた情報を整理したうえで、「STEP2 コンセプトをつくる」へ進みましょう。この時点では、情報量が多くても構いません。STEP2で、重要な要素を絞っていきましょう。

# STEP2　コンセプトをつくる

## ①ブランドコンセプトをつくる

STEP1で集めた情報をもとに、ブランドコンセプトを開発します。第2章でも説明したように、ブランディングデザインにおけるブランドコンセプトは、暗闇から物事を照らし出す「サーチライト」となります。

ブランドにとって大切な概念ですから、丁寧に考えていきましょう。

### コンセプトワークシート

ブランドコンセプトは手がかりがないと考えにくいので、コンセプトワークシートを用意しました。

コンセプトワークシートに取り組む目的は、**伝えたい要素を絞る**ためです。STEP1で見つかった様々な資産がありますが、情報をどう絞ればいいのかが難しいと思います。

STEP1の情報を厳選してあえて情報量を減らし、コンセプトワークシートに整理していくことで、それぞれの要素に矛盾がないかを確認することができます。コンセプトワークシートを使って要素を整理することで、ブランドを俯瞰できるようにな

〈コンセプトワークシート〉

## コンセプトワークシート

| ブランドについて | |
|---|---|
| ビジョン | 強み |
| | |

| ターゲットについて | |
|---|---|
| ターゲット | 問題 |
| | |

| ブランドコンセプト |
|---|
| |

| 商品・サービス | 提供価値 |
|---|---|
| | |

るはずです。

ブランディングデザインにおいて、「伝えたい情報を絞る」という作業はとても大切なプロセスです。なぜなら、すべての情報をお客様に伝えることはできないからです。

自分事として考えてみるとわかりやすいと思います。毎日様々なタスクに追われている中で、興味がないブランドの広告を長時間視聴することなんてないはずです。まずは、興味を持ってもらうことが必要です。そのためには、本当に伝えたいことを絞らなければなりません。

その努力をせず、要素を盛り込んだ施策は、幕の内弁当のようなもの。幕の内弁当にはいろんなおかずが入っているので、特徴や魅力を人に伝えることは難しいですが、例えば焼肉弁当なら、特徴や魅力を説明しやすいはずです。

ブランディングに取り組む場合も同じです。「あれもこれも私たちにとっては大切な資産なのに」という声が出やすいのですが、思い切って要素を絞って整理しましょう。

コンセプトワークシートを使って、ＳＴＥＰ１で得られた情報をもとに、まず「ブランドについて」を、「ビジョン」と「強み」の二つの項目で整理していきましょう。

次に、「ターゲットについて」に移ります。

「ターゲットについて」には、「ターゲット」と「問題」の二つがありますので、こちらも埋めていきます。


この時、ポイントとなるのが、「ターゲット」の設定です。ターゲットはすでにSTEP1で設定していますが、例えば「20、30代の女性」というターゲットにおいても、「美容感度が高い女性」「一人暮らしの女性」「子育てをしている女性」など様々な切り口で規定することができます。


コンセプトワークシートを埋める時には、数値的な情報で設定するのではなく、切り口で表現するようにしましょう。

ターゲットの切り口が決まれば、切り口に応じて、問題は変わります。

例えば、「美容感度が高い女性」の場合は、「情報が多すぎて、知りたい情報に辿り着くのが大変」という問題が見つかるかもしれませんし、「一人暮らしの女性」の場合は、「家族と離れていて寂しい」という問題が見つかるかもしれません。

ターゲットの切り口と問題はセットで変わるため、アイデアが広がりそうな組み合わせを考えていきます。

上の四つの枠が埋まったら、これらを踏まえて「ブランドコンセプト」を考えていきます。

ブランドコンセプトは、繰り返しになりますが、ブランドのサーチライトです。既存のブランドとは異なる、新しいブランドの定義を考えていきます。

「ブランドについて」で設定した「ビジョン」と「強み」と、「ターゲットについて」で設定した「ターゲット」と「問題」を結ぶものが優れたコンセプトとなります。

ブランドコンセプトができた後の話になりますが、「商品・サービス」には具体的な商品・サービスのアイデアを書き込んでいきましょう。

「提供価値」には、商品やサービスを通じてブランドが提供する本質的な価値を書き込んでいきます。

この時、アイデアがどんどん膨らむものは、優れたコンセプトだと言うことができます。

それぞれの項目がバラバラで一貫性がないと、ブランドの「らしさ」は生まれません。**枠内がすべて矛盾なくつながっている状態が、理想の状態**となります。

コンセプトワークシートを使って、各自アイデアを出し合いましょう。

進め方としては、各自で記述して全員が持ち寄る形式でもよいですし、クリエイティブチームが案を考えたうえで議論する形式でも構いません。

この時、注意したいのは、グループワークで一から埋めようとしないことです。グループで一から案を考えようとすると、予定調和に陥りやすくなります。必ず、それぞれが一人で考える時間を取ったうえで、全体へ共有して進めていきましょう。

ブランドコンセプトが優れているかどうかのチェックは、後のプロセスで行いますので、一旦可能性を広げてみましょう。

説明だけではわかりづらいかもしれませんので、コンセプトワークシートの使い方を、スターバックスと、ユニクロを例にしてご紹介します。

第2章でもご紹介した、スターバックスのコンセプトである「サードプレイス（第3の場所）」。他のコーヒーチェーンがコーヒーのおいしさや値段で勝負している中で、このコンセプトはスターバックスの「らしさ」の源になっています。

サードプレイスというコンセプトを設定したことで、スターバックスが売っているのはコーヒーだけではなく、サードプレイスでの体験だということが規定できています。

その結果、ゆったりと過ごせる空間をつくったり、独自の教育方針でバリスタと呼ばれるスタッフを育てたりするなど、他のコーヒーチェーンにはない、唯一無二の体験を生み出しています。

〈スターバックスの例〉

## コンセプトワークシート

| ブランドについて | |
|---|---|
| ビジョン | 強み |
| 人々の心を豊かで<br>活力のあるものにする | 直接店舗運営を行う<br>「直営方式」を採用している |

| ターゲットについて | |
|---|---|
| ターゲット | 問題 |
| 仕事や家庭から離れて<br>ひとやすみしたい人 | 落ち着いて過ごせる<br>場所がない |

▼

| ブランドコンセプト |
|---|
| サードプレイス |

| 商品・サービス | 提供価値 |
|---|---|
| おいしいコーヒー<br>居心地のよい空間<br>座り心地のいい椅子 etc. | 心安らぐ体験 |

スターバックスのコンセプトをコンセプトワークシートに当てはめると、前ページの図のように整理できます。

もう一つの例としてユニクロの「LifeWear」も、整理してみたいと思います。「LifeWearとは、あらゆる人の生活を、より豊かにするための服。美意識ある合理性をもち、シンプルで上質、そして細部への工夫に満ちている。生活ニーズから考え抜かれ、進化し続ける普段着です。」と規定されています。

コンセプトワークシートに当てはめると、次ページの図のように整理することができます。

スターバックスもユニクロも、すべての枠が、一貫した考え方で矛盾なく整理することができました。

ブランドコンセプトを開発するための、「簡単なハウツー」は残念ながらありません。私が経験してきた限り、どんな仕事においても、ブランドコンセプトはこれまでにない新しい定義を考えなければいけないため、「これだ」という案が見つかるまでの道のりは平坦ではありませんでした。

コンセプトとは、様々な方向性を全員で持ち寄り、考え抜いた末に生まれるものです。

〈ユニクロの例〉

## コンセプトワークシート

| ブランドについて | |
|---|---|
| ビジョン | 強み |
| あらゆる人の生活を、<br>より豊かにするための<br>服をつくる | 品質の高い洋服を<br>リーズナブルな<br>価格で作る技術 |

| ターゲットについて | |
|---|---|
| ターゲット | 問題 |
| 洋服に強いこだわりのない人 | すべての洋服を<br>手頃な価格で揃えられる<br>ブランドがない |

▼

| ブランドコンセプト |
|---|
| LifeWear |

| 商品・サービス | 提供価値 |
|---|---|
| ベーシック・機能衣料<br>フォーマルウェア<br>デザイナーズコラボ<br>子供服 etc. | 洋服を通じて得られる<br>豊かな生活 |

「ブランドについて」と「ターゲットについて」を行ったり来たりしながら、ブランドコンセプトを考えていくしかありません。

ただ、例がなければ考えることは難しいかもしれませんので、ヒントとして、優れたブランドコンセプトの例を三つ紹介します。

## ブランドコンセプトの参考事例

### 〈1〉人生に、野遊びを。（スノーピーク）

アウトドア用品などを販売するスノーピークは、ブランドコンセプトに「人生に、野遊びを。」を掲げています。「忙しい現代社会において、『野遊び』は、自然のリズムを取り戻し、人間らしさを回復する手段となる」という考えから生まれたコンセプトです。

このブランドコンセプトを拡張し、近年はキャンプ事業だけではなく、レストラン事業、地方創生事業、キャンピングオフィス事業など、事業の幅を広げています。「人生に、野遊びを。」というブランドコンセプトを掲げたことで、単なるアウトドア用品ブランドの領域を超え、「野遊び」を通じて、人生を豊かにするための事業に取り組むことにつながっています。[7]

7　参考文献
Snow Peak."Our Business"

## 〈2〉女性の動きを制限せず、日常生活に寄り添うワードローブ（シャネル）

ラグジュアリーブランドを代表するシャネルも、優れたブランドコンセプトを持っています。

シャネルが創業したのは１９１０年。当時は、コルセットに代表されるように、男性が求める女性らしさを体現したファッションが主流でした。

コルセットとは、肋骨の周りに巻いてウエストを細く縛り上げる、女性用下着のことです。ウエストを細く締める流行が過熱し、女性の健康障害が報告されるほど、ウエストをきつく縛るものだったそうです。

シャネルは「女性の動きを制限せず、日常生活に寄り添うワードローブを」というブランドコンセプトを持ち、ジャージー素材のドレス、働く女性のためのスーツ、両手を自由に使えるショルダーバッグなど、革新的なアイテムを次々に発表します。

機能性とデザイン性を兼ね備えたワードローブを通じて、女性を窮屈さから解放したのです。[8]

8 **参考文献**
CHANEL〝創業者〟

## 〈3〉７００人の村がひとつのホテルに（山梨県小菅村）

多摩川源流に位置する、山梨県小菅村の人口は約７００人です。人口減少や空き家問題などを解消するため、「７００人の村がひとつのホテルに。」をブランドコンセプトに掲げ、小菅村は分散型ホテルのプロジェクトに取り組んでいます。村内の道路やあぜ道を「ホテルの廊下」、道の駅を「ラウンジ」、村内にある温泉施設〝小菅の湯〟を「大浴場」と見立てて、経済や交流の活性化を目指しています。豪華なホテルを建てる予算がなくても、優れたコンセプトがあれば、他の場所にはない価値をつくることができるといういい例です。[9]

## チェックする

ブランドコンセプトのアイデアが見えてきたら、以下のポイントをチェックしてみましょう。

### ❶ オリジナリティがあるか

コンセプトワークシートを埋めることが目的になり、ブランドコンセプトがありきたりなものになっていないかを確認します。どのブランドにも言えるような当たり前のことを言っている場合は、再検討しましょう。他のブランドには言えない、**オリジナリティのある概念**を規定する必要があります。

### ❷ 短いか

ブランドコンセプトはブランドのあらゆる意思決定の指針になります。ブランドに

9 **参考文献**
嶋田 俊平『700人の村がひとつのホテルに「地方創生」ビジネス革命』(文藝春秋、2022)

関わる全員が理解できなければ機能しません。あまり長いと覚えることが難しくなる、つまり、指針として機能しないため、**極力短く、端的に**まとめましょう。

優れたブランドコンセプトは、二つか三つの言葉の組み合わせでできていることが多いです。

### ❸ブランドらしさはあるか

「理屈では正しいけれど、なんとなく自分たちらしくない」という感覚も大切です。ビジョンや強みと照らし合わせ、自分たちの「らしさ」を感じるかをチェックしましょう。

### ❹アイデアが広がるか

アイデアがチーム内で広がるものは、優れたブランドコンセプトだと言うことができます。新しいブランドコンセプトを掲げた時に、新しい商品やサービス、新事業などのアイデアが広がるかを検証してみましょう。

チームからアイデアが次々と出てくるもの、みんながワクワクできるものは、よいブランドコンセプトだと言うことができるでしょう。

ブランドが掲げているブランドコンセプトを見てみると、「革新的な」「素晴らしい」

「過去最高の」「日本一の」など、聞こえのいい形容詞が含まれていることがよくあります。

しかし、このような比較や最上級の形容詞で誤魔化しているブランドコンセプトは「すでにあるものよりもよい」としか規定できていないため、サーチライトの照らし変えになっていないことがよくあります。ブランドコンセプトを開発する際には、聞こえのいい形容詞で誤魔化していないか、に注意しましょう。

## ②ネーミングをつくる

ブランドコンセプトが固まったらブランドのネーミングを考えていきます。

ネーミングとは、ブランドの名前であり、ブランドの「らしさ」を短く要約し一言に凝縮したもの。ブランドの魅力がお客様に伝わるように、一言で、印象的に伝える必要があります。

ネーミングは今後何度も口に出すものであり、ブランドの「らしさ」を伝えるうえで重要な要素です。ブランドコンセプトと同様、チームで案を持ち寄り、アイデアを出し合います。

ネーミングを開発する際には、以下のポイントを意識してみてください。

### ネーミングのポイント

#### 〈1〉覚えやすいか

ほとんどの人が、メディアを通じて大量の情報に触れ合っています。情報化社会は、近年ますます加速しており、世界の情報量は2030年には現在の30倍以上、2050年には4千倍に達するという予測もあります。[10]

これだけ情報が溢れている世の中では、ブランド名を覚えてもらうだけでも大変な労力がかかります。ネーミングを考える際は、覚えやすく印象的かどうかをチェックしましょう。

#### 〈2〉ブランドコンセプトと一貫性があるか

ブランドコンセプトと一貫性があるかどうかをチェックします。ブランドコンセプトとネーミングは、必ずしも同じ内容を語る必要はありませんが、二つの間の考え方に矛盾がないかは確認しておくとよいでしょう。

一貫性のあるストーリーでブランドコンセプトとネーミングが結ばれることで、ブランドの「らしさ」は明確になります。ネーミングとその由来（＝ストーリー）について後述しますので、参考にしてみてください。

#### 〈3〉普遍性があるか

10 **参考文献**
総務省〝令和4年　情報通信に関する現状報告の概要〞

ほとんどの場合、ネーミングはブランドが生まれてから、なくなるまで使用することになります。短期的な目線ではなく、長い間使用しても古くならない言葉かどうかをチェックしましょう。

## 〈4〉発音した時の印象がよいか

発音した時の語感についてもチェックします。

音には、ある種の音が特定のイメージを呼び起こす「音象徴《おんしょうちょう》」という現象があるそうです。

例えば「マジンガーZ」「ガンダム」「エヴァンゲリオン」のようなロボットアニメのネーミングは、濁点が使われていることが多く、音の印象からも「強そう」だと感じます。「ポッキー」「パピコ」「プッチンプリン」のようなお菓子のネーミングにはP音が多く使われていて、「楽しそう・ワクワク感」が感じられます。

このように、音の持つ印象があるため、ブランドの「らしさ」と、音の持つ印象が合っているかを確認しましょう。

## 〈5〉商標登録できるか

最後に、商標登録についてです。ブランドのネーミングは商標として特許庁へ出願し、登録することをおすすめしています。

登録をしなくてもブランドを始めることは可能ですが、商標登録を受けないまま商標を使用している場合、先に他社が類似の商標を登録していれば、商標権の侵害にあたる可能性があります。

また、ネット社会になり、情報の広がる範囲がとても広くなりました。小さなブランドでも、SNSやウェブサイトを通じて世界中に広がる可能性があります。そのため、海外への展開を考えている場合は、海外の商標も調べる必要があります。登録については、専門の弁理士または弁護士に相談をしましょう。

ネーミングとその由来についての例については、楽天、ユナイテッドアローズ、セブン‐イレブンのものを引用してご紹介します。

ネーミングを開発する際の、ヒントにしてみてください。

## ネーミングの参考事例

### 〈1〉楽天グループ

様々な商品・サービスが活発に取引される場である「楽市楽座」に、明るく前向きな「楽天」のイメージを合わせることにより「楽天市場」という名前が生まれました。楽天グループ株式会社という社名もこの「楽天市場」に由来しています。[11]

11
参考文献
Rakuten."会社・楽天グループについて"

〈2〉ユナイテッドアローズ

一つの目標に向かって直進する矢（ARROW）を束ねた（UNITED）ものという意味が込められています。つまり、共通の理念（志）を目指して突き進む従業員一人ひとりのあり方を「矢」に例えたのが、当社の社名の由来です。[12]

〈3〉セブン‐イレブン

1946年には、朝7時から夜11時まで、毎日営業するチェーンとして、営業時間にちなんで店名を「7‐ELEVEN」と変更しました。また、このときロゴを数字の〝7〟と〝ELEVEN〟を組み合わせたものとし、現在でも親しまれているロゴマークの原型となっています。[13]

チェックポイントはあるものの、ネーミングにおいて正解や不正解があるわけではありません。

最も大切なことは、ブランドに関わるメンバーが「**愛せるものになっているかどうか**」だと思います。ブランドに関わっている人たちが「好き」だと思えるものにならなければ、お客様から愛されるブランドになっていきません。

全員が納得できるネーミングが見つかるまで、アイデアを出し合いましょう。そのプロセスの中で、ブランドに対する解像度が高まっていくと思います。

12 **参考文献** UNITED ARROWS.〝社名とマークについて〟

13 **参考文献** セブン-イレブン・ジャパン.〝セブン-イレブンの歴史〟

### ③ステートメントをつくる

ブランドコンセプトが固まったら、ステートメントを開発します。ここで気をつけたいのは、ブランドコンセプトとステートメントの役割をチームできちんと確認しておくことです。

この二つをわかりやすく説明すると、次のように整理することができます。

- ブランドコンセプト……ブランドのサーチライトとなる、ブランドの定義
- ステートメント……ブランドの思想をわかりやすく、心に響く文章にしたもの

ブランドコンセプトとは、主にインナー（＝ブランドに関わるメンバー）に向けたものであり、ブランドを照らすサーチライトです。

ほとんどのブランドの場合、商品を開発したり、広告を制作したり、営業をしたり、多数のメンバーで分業して運営します。運営の際、ブランドコンセプトがあらゆる判断の拠り所になります。

関わる人数が増えるほど、認識にバラツキが出てくる可能性が高まってしまうため、ブランドの「らしさ」はあやふやになる恐れがあります。

〈ブランドコンセプトとステートメントの違い〉

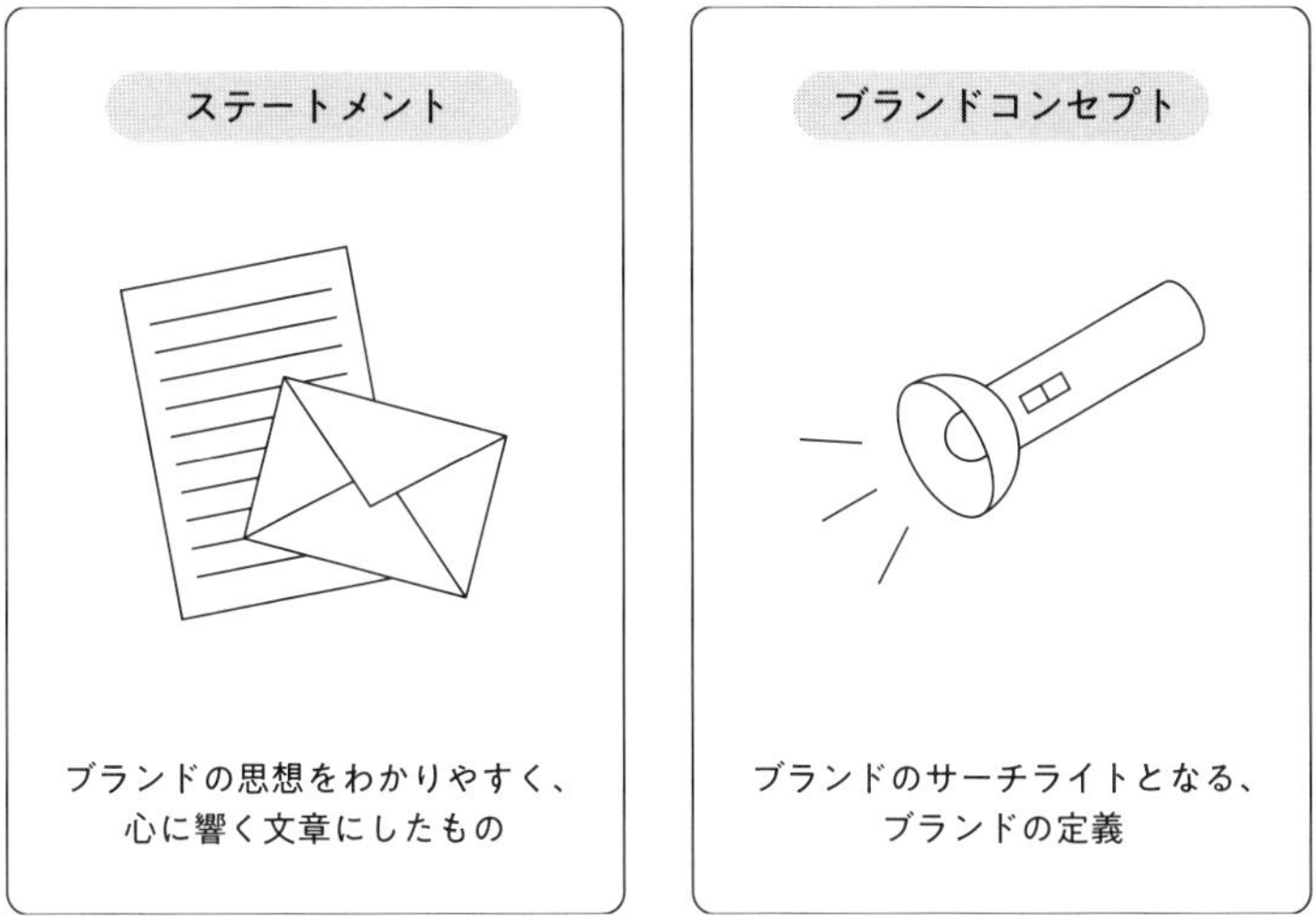
ステートメント
ブランドの思想をわかりやすく、
心に響く文章にしたもの
ブランドコンセプト
ブランドのサーチライトとなる、
ブランドの定義

そのような事態を避けるため、ブランドコンセプトを規定することで、判断の基準を明確にしておきましょう。ブランドコンセプトには、情緒的な表現を優先するのではなく、本質的な価値を規定できるような言葉を選びます（サードプレイスや、LifeWearにも、言葉自体に情緒的な要素はありませんよね）。

ステートメントとは、インナーとアウター（＝ブランドに関わるメンバーとお客様）に向けたものであり、ブランドの思想をわかりやすく、心に響く文章にしたものです。ブランドの人格や個性を言葉で伝える役割を担い、言葉を通じてブランドへの愛着（＝好き）を醸成します。

コピーライターの岡本欣也さんの著書、『ステートメント宣言。』（宣伝会議）では、ステートメントはブランドから世の中へ向けた「手紙」に例えられています。そのように、ブランドを「好き」になってもらうための手紙だと捉えていただけるとよいでしょう。

私が関わるプロジェクトでは、言葉の専門家であるコピーライターと開発することが多いのですが、アサインが難しい場合は、チームメンバーで書いてみてもよいと思います。

ブランドが掲げるステートメントとして、例を三つご紹介します（ちなみに、本書でステートメントと呼んでいるものを、ビジョンやコンセプトなどの言葉で紹介されている場合があります）。

### ステートメントの参考事例

〈1〉ミツカン

やがて、いのちに変わるもの。

人が泣いています。人が笑っています。
人と人が出会い、人と人が恋をし、結ばれ、子供が生まれ、育ち、ふたたび新しいドラマが始まってゆく。
人は歌い、人は走り、人は飛び、人は踊り、
絵を描き、音楽を生み、壮大な映像をつむぎ出す。
食べものとは、そんなすばらしい人間の、一日一日をつくっているのです。
こんこんと湧き出す、いのちのもとをつくっているのですね。
私たちがいつも胸に刻み、大切にしているのは、その想いなのです。
どこよりも安全なものを。どこよりも安心で、健康で、おいしいものを。
やがていのちに変わるもの。
それをつくるよろこびを知る者だけが、
「限りない品質向上」をめざせる者であると、
私たちは心から信じています。[14]

## 〈2〉KANEBO

見た目を美しくすることだけが、化粧だろうか。
違う。
化粧には、力がある。
気持ちを、行動を、人生までをも動かす大きな力がある。
自分の未来は変えられる。

14 **参考文献**
ミツカン〝グループ企業理念・ビジョン〟

その自信が、世界を変える熱量となる。
希望がないと言われる時代。
一人ひとりの中に希望を見つけ、引き出し、高めてゆく。
それが、これからのわたしたちの使命。
KANEBOは、美ではなく希望を語るブランドへ。

I HOPE.[15]
KANEBO

## 〈3〉サンスター

口は、生きるの1丁目。

人生が100年になってゆく。
人生を100%楽しめますか？
100年食べる。100年しゃべる、笑う。
毎日のオーラルケアで、
それが目指せるとしたら？
あたりまえの日々の習慣が、

15 参考文献
KANEBO.「CONCEPT」

全身の力になると知ったとき、
人のカラダはすごいなあと、
人はじぶんに感動できる。
あしたのhealthは今日のmouthから。
サンスターにできることは星の数。

一〇〇年mouth
一〇〇年health[16]

ちなみに、企業やブランドを規定する言葉は、ブランドコンセプトとステートメント以外にもたくさんあります。ミッション、ビジョン、バリュー、パーパス、ブランドコンセプト、ステートメント、スローガン、ブランドプロミス……などなど。

これらを規定することを否定するつもりは全くありませんが、言葉が増えすぎてしまうと、どれが何のためにが存在しているかがわからなくなることがあります。

ブランディングデザインを通じて目指すのは、ブランドに関わる全員に、ブランドの思想と世界観を共有すること。

あまりにたくさんの言葉が存在すると、全員が理解するのに時間も労力も必要になるため、まずは、「ブランドコンセプト」と「ステートメント」の二種類の言葉を開

16 **参考文献**
岡本 欣也『ステートメント宣言』（宣伝会議、2021）

発するところから始めてみましょう。

## STEP3　カタチをつくる

### ①ビジュアル・アイデンティティ（VI）をつくる

ここまでのステップで、ブランドの思想が整理できました。ブランドを人格に例えて考えると、見た目以外の、性格や考え方が整理できた状態です。

ここからいよいよ、ブランドの目に見える部分である、カタチをつくっていきます。「どういう見た目の人なのか」という部分です。

まず、ビジュアル・アイデンティティを開発します。ビジュアル・アイデンティティはVisual Identityのことで、略してＶＩと言われます。ＶＩとはブランドコンセプトを可視化した、ロゴマーク、カラーシステム、フォントのルールなど、ブランドを象徴するデザイン要素一式のことです。ブランドのすべてのビジュアルは、ＶＩに従って制作されます。

ここで大切なことは、ＳＴＥＰ2までに決まった**ブランド戦略と、この後のプロセスで実際に制作していくデザインをバラバラに捉えない**ことです。デザインは装飾ではなく、戦略を可視化していく作業です。中身と見た目がバラバラでは、見た目だけをキレイに整えても、「らしさ」は生まれないので注意しましょう。

## ロゴマーク

ブランドの顔とも言える、ロゴマークを開発します。デザインのご相談をいただく時に、「とりあえずロゴマークをつくりたいんです」と相談を受けることがありますが、ここまで解説してきたプロセスを省略して、いきなりロゴマークが開発できるわけではありません。

ロゴマークは、ブランドの戦略や思想を可視化したものであり、ブランドの旗のような存在です。ＳＴＥＰ１と２で整理したブランド戦略を、色やカタチに落とし込んでいく必要があります。そしてその色やカタチは、ブランドの「らしさ」を体現しているものでなければいけません。

これまでのプロセスを無視していきなりロゴマークを開発しようとしても、そこで出てくるのはロゴマークではなく装飾にしかならないのです。

ちなみに、ロゴマークは、以下の三つで整理されています。

- シンボルマーク……イメージを図案化したもの
- ロゴタイプ……文字を図案化したもの
- ロゴマーク……これらを組み合わせたもの

シンボルマークは、図案なので記憶に残りやすいという特徴があり、ロゴタイプは、文字なのでブランド名を言葉として覚えてもらいやすいという特徴があります。

この二つを組み合わせ、ロゴマークとして使用するブランドが多いですが、ファッションブランドなどでは、ロゴタイプのみを使用するケースも増えています。

逆に、ナイキやアップルのように、ブランド名の認知がとても高く、名前を伝える必要がない場合は、シンボルマークのみで使用しているブランドもあります。

三つすべてが必ず必要なわけではないので、どのような組み合わせがブランドにとって運用しやすいかをデザイナーと相談して決めていきましょう。

ロゴマークを開発する際には、以下のポイントをチェックするようにします。

## ロゴマークのポイント

### 〈1〉ブランドコンセプトと一貫性があるか

ブランドコンセプト、ネーミングとロゴマークに一貫性があるかどうかをチェックします。例えば、ブランドコンセプトやネーミングが「海」に関わるものである場合、素直に考えると、ロゴマークの色は青、ロゴマークのモチーフは、「波」「船」「カモメ」「魚」「亀」……など、海を想起するものが考えられます。

この場合、ブランドコンセプトやネーミングで規定した「思想」と、ロゴマーク

〈ロゴマークとは〉

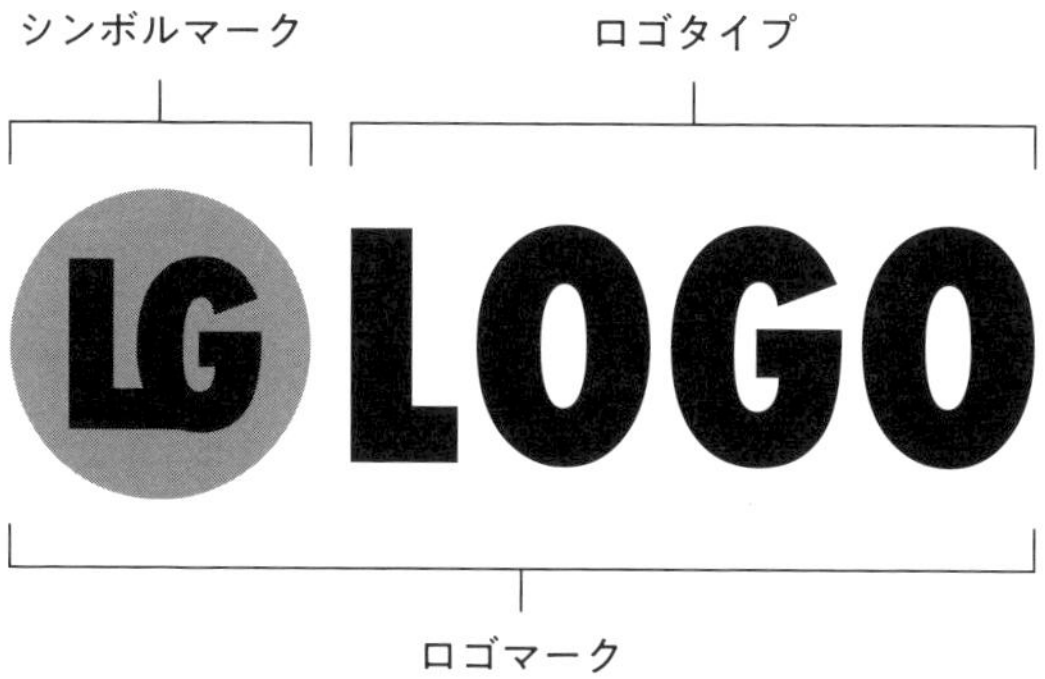


で規定する「色やカタチ」に一貫性があると言うことができます。

一貫性のあるストーリーで戦略とデザインが結ばれることで、ブランドの「らしさ」は明確になり、印象に残りやすくなります。

## 〈2〉色やカタチに独自性があるか

ロゴマークをつくる目的は、競合と差別化し、ブランドが独自のものだと認識してもらうことにあります。そのため、色やカタチにも独自性が必要です。

最近は、ＡＩでロゴマークを開発するサービスなども生まれ、誰でも簡単にロゴマークをつくることができるようになりました。

だからこそ、簡単に真似できない独自性が求められています。

注意したいのは、ここで言う**独自性は奇抜さではない**ということです。例えば、銀行や不動産など、信頼性をデザインで表現しなければいけない業種もあります。みずほ銀行や、三菱ＵＦＪ銀行など、メガバンクのロゴマークを思い出してみても、奇抜さはなく、信頼性や安心感はありつつも、きちんと街の中で目立ち、独自性を表現できているはずです。

やみくもに奇抜なデザインを採用するのではなく、ブランドが目指す姿に合う、独自性を探るようにしましょう。ロゴマークの独自性をどのように表現するかは、デザイナーの腕が問われる部分です。

### 〈3〉ブランド展開に合っているか

想定される、ブランド展開に合っているかどうかもチェックします。

例えば、インターネット上でのサービスがメインの場合は、スマートフォンなどの小さい画面で表示された際にも視認性が失われないデザインが必要ですし、逆に店頭での展開がメインで大型の制作物が主役になりそうであれば、複雑な造形を採用して競合と差別化することも可能です。

検証として、開発したロゴマークのデザインを、実際に使用する媒体に合わせて仮に使用してみると、イメージが摑みやすくなります。

例えば、スマートフォン上でのサービスがメインになる場合は、実際にスマートフォンで確認してみる。店頭での使用がメインになる場合は、実際の店頭の写真にロゴマークを合成してみる。パッケージデザインが重要になる場合は、パッケージの仮デザインを制作してみる、などです。

後からうまく展開できないことが発覚すると、大変な手間になるので、この時点で展開に耐えられるかを検証しておきましょう。

## 〈4〉造形としての完成度が高いか

造形の完成度については、デザイナーのセンスと力量によるところが大きいポイントです。デザイナー以外の人にとっては、造形の完成度は違いがわかりづらい点だと思いますが、様々な媒体にロゴマークが展開され、ブランドイメージが積み重なっていくと、大きな印象の違いが感じられるものです。

ラグジュアリーブランドのロゴマークなどは、シンプルに見えても、細部まで美しく仕上げられています。形の完成度が高いロゴマークは、ブランドに格を与えてくれます。

ロゴマークが完成したら、ロゴマークのレギュレーション（ロゴマークを使用する際のルール）も規定します。

ロゴマークは、今後ブランドに関わる社員、連携するデザイナー、広告会社など、様々な人の手に渡るものになります。この時、ルールがないと、ブランドイメージを毀損する使い方をされてしまう場合があるため、あらかじめルールを設定しておく必要があります。

ロゴマークのレギュレーションの例については、次のようなものがあります。

- アイソレーション……ロゴマークの周りに設定する余白のことです。十分な余白がないと、ロゴマークの視認性が落ちたり、独立性が失われたりすることがあるため、使用時に確保しなければならない余白を規定します
- ロゴマークの色……ロゴマークの色を数値で指定します
- 最小サイズ……ロゴマークの視認性と可読性を確保するために、一番小さいサイズを数値で設定します
- 使用禁止例……ロゴマークが間違った使い方をされないように、禁止する使用例をまとめます

## ルックアンドフィール

ルックアンドフィール（Look&Feel）は、ブランドの世界観のことであり、ブランドの見た目と印象のことです。トーンアンドマナー（Tone&Manner）と呼ばれる

こともあります。

今後、商品のデザイン開発や、商品の写真撮影など、制作物をつくる際には、ルックアンドフィールに基づいて開発をします。

ブランドの世界観という抽象的な概念は、画像と言葉で規定します。画像は、複数の写真を一つのボードに集め、ムードボードと呼ばれる資料を作成します。

ブランドの世界観を表現するキーワードは、三〜五つに集約しましょう。キーワードの例としては、「優しい」「凛とした」「クール」「アクティブ」「まじめ」「遊び心」などがあり、誰でも理解できる言葉を設定する必要があります。候補を挙げたうえで、チームメンバーがしっくりするキーワードを見つけていきましょう。

すでにある画像をもとに作成していくことになりますが、この時私が気をつけているのは、**何かのモノマネにならないようにすること**。

できれば、この世にまだない、独自性のある世界観をつくりたいので、すでにあるイメージを組み合わせながら、どのブランドの真似にもならない、ブランド独自の「らしさ」を見つけられるように心がけています。

## カラーパレット

カラーパレットは、ブランドに使用する色のセットのことです。まず、ブランドカラーとしてメインで使用する色を設定します。

〈ロゴマークのレギュレーションの例〉

アイソレーション

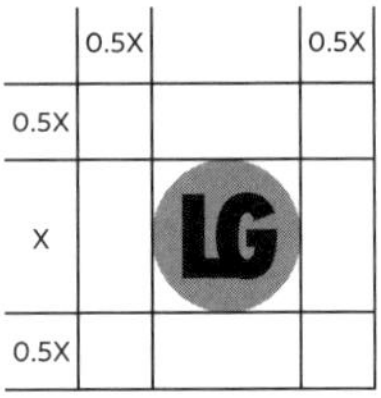


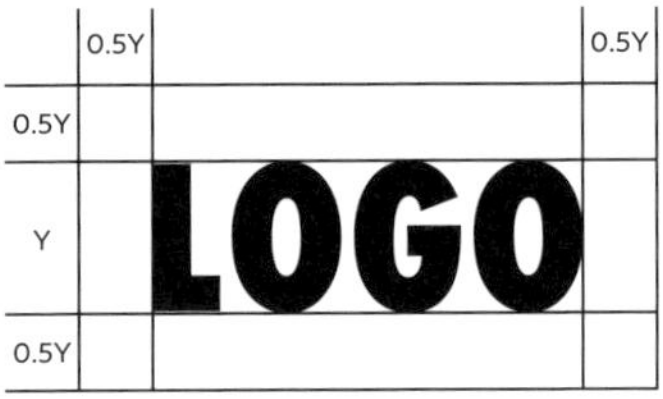


ロゴマークの色

CMYK : 0 0 0 100
RGB : 0 0 0
#000000

CMYK : 0 0 0 50
RGB : 150 150 150
#A0A0A0

### 最小サイズ

LG LOGO
20mm
85px

LG
5mm
25px

LOGO
15mm
60px

### 使用禁止例

規定外の比率で表示しない

色を変更しない

背景に複雑なパターンや写真を配置しない

影や3Dなどの効果をつけない

変形しない

要素の一部が欠けた状態で表現しない

例えば、ティファニーはブルーをブランドカラーとして使用しており、あの色を見ると、ティファニーを思い出すのではないでしょうか。また、コカ・コーラは赤い色のイメージが定着していて、飲料の売り場で「あの赤い色」を見ると、コカ・コーラだとすぐに認識できると思います。

このように、ブランドカラーを設定することで、ブランドの「らしさ」を強く印象に残すことが可能になります。

色には色の持つイメージがあると言われています。青色は静かさや落ち着きを、黄色はポジティブで元気なイメージを感じるなど、使用する色でブランドイメージを大きく変えることができます。

また、色が意味を持つ場合もあります。日本では白は清潔感がありブランドカラーとしてもよく使われる色ですが、海外に目を転じると不吉なイメージを感じる国もあるそうです。

ブランドが伝えたい「らしさ」を表現できる色を選ぶようにしましょう。

ブランドカラーを決めたうえで、サブカラーとして使用する色を設定します。

ブランドがローンチしたらパッケージデザイン、名刺、看板など、様々な制作物への展開を行いますが、一色でデザインをつくることはほとんどありません。特にカタログやウェブサイトなど、たくさんの情報が共存するツールでは、わかりやすく情報を伝えるために複数の色を使用することがほとんどです。

その際、ブランドに関わる個々のデザイナーが各自好きな色を使用してしまうと、ブランドイメージがバラバラになってしまうため、ブランドイメージを一貫させるために、使用する色を決めておく必要があります。

また、カラーパレットは、印刷物に使用するものと、ディスプレイで使用するもので、色の設定が異なります。

紙などの印刷物に使われる表現方法はCMYKと呼ばれ、CMYKは、シアン（Cyan）、マゼンタ（Magenta）、イエロー（Yellow）、黒（Key Plate）の頭文字を取ったものです。一方、パソコンやスマートフォンなどのディスプレイは、RGBと呼ばれる光を使った方法で色を表現しています。RGBは、レッド（Red）、グリーン（Green）、ブルー（Blue）の頭文字を取ったものです。

今は、ほぼすべてのブランドが、印刷物とディスプレイ、どちらも使用するはずなので、カラーパレットはCMYKとRGBのどちらも設定するようにしましょう。

## 推奨書体

推奨書体はブランドとして使用を推奨する書体のことです。

書体を選定する際には、以下を確認します。日本のブランドの場合、最低限、日本語と英語の書体は決めておくとよいでしょう。

**推奨書体のチェックポイント**

**〈1〉ブランドの世界観に合うかどうか**

ブランドの世界観が、楽しいのか、かっこいいのか、まじめなのか。**書体は、ブランドの「声」**だとも言われていて、同じ言葉でも、フォントが変わることで印象が大きく変わります。ブランドの世界観に合う書体を選ぶようにしましょう。

**〈2〉ターゲットとの相性がよいか**

例えば、シニア層や子どもをターゲットにしたブランドの場合、世界観よりも読みやすさを優先したほうがいいこともあります。若者向けの尖ったブランドの場合、視認性よりもデザイン性を優先することもあります。ブランドのターゲットとなる人たちとの相性がよい書体かどうかも確認しましょう。

**〈3〉何に使用するのか**

印刷物、ウェブサイト、スマートフォンアプリなど、ブランドにとって主に何がメインのメディアとなるのかも確認します。

書体は、使用用途によって選ぶ基準が変わります。例えば、成分表示などの小さ

〈書体による印象の違い〉

A1明朝

こんにちは

上品でゆったりとした印象

本明朝

こんにちは

まじめで格式高い印象

筑紫A丸ゴシック

こんにちは

カジュアルでやさしい印象

ヒラギノ角ゴシック

こんにちは

まじめで力強い印象

キリギリス

こんにちは

ポップで若々しい印象

花胡蝶

こんにちは

シャープで凛とした印象

iroha kaede

こんにちは

モダンでカジュアルな印象

はるひ学園

こんにちは

素朴でかわいい印象

いものに使用することが多い場合は、視認性を最優先し、小さいサイズでデザインした時にも読みやすい書体を選びます。また、ウェブサイトやアプリへ組み込む場合は、実装する際のことを考慮する必要があります。

どのような用途が中心になるのかを踏まえ、書体を選びます。推奨書体として、オリジナルのフォントを制作する場合もあります。

ブランド「らしさ」を表現する手段として、書体を上手に活用しましょう。

## ②ブランドガイドラインをつくる

ブランドガイドラインは、ブランドの一貫性を保つための設計図のようなものです。ブランドガイドラインをつくる目的は、大きく二つあります。

一つ目は、ブランドの運用面です。多くのメンバーがブランドに関わっている場合、毎回基準を各自が説明するのは大変で、手間がかかります。また、人によって説明もばらつくこともあります。

ブランドガイドラインを用意しておくことで、資料に基づいて人に説明し、判断ができるので、関わるメンバーが増えても一貫性を持ったブランド運用がしやすくなります。

二つ目は、お客様目線です。ブランドの印象が一貫することで、ブランドが記憶に残りやすくなります。その結果、ブランドへの信頼性が生まれ、「好き」になってもらうことにつながります。

ブランドガイドラインの内容は、ブランドの個性が表れる部分でもあり、「これが正解だ」というフォーマットがあるわけではありません。

ですが、ここまで固めてきた内容で、基本のガイドラインをつくることは可能です。ブランドコンセプト、ステートメント、VI（ロゴマーク・ルックアンドフィール・カラーパレット・推奨書体）を、資料にまとめてみましょう。

以前は冊子にすることが多かったのですが、最近はPDFなどのファイルで制作するパターンが主流です。

ブランドガイドラインを公開している企業も多いため、制作の際には他社のブランドを参考にするといいでしょう。

ブランドガイドラインは、ブランドに関わるメンバーが、今後何度も確認するツールになります。あまりに内容が細かいと担当者の負担が大きくなるため、どこまでルール化するべきかは、ブランドの規模や性質に応じて判断が必要です。

例えば、優秀なデザイナーが多く集うブランドの場合は、デザイナーがある程度自由な表現ができるように、柔軟なガイドラインがふさわしいでしょう。逆に、表現の自由度を減らして効率的にブランドを運用したい場合は、細かい部分までブランドガイドラインで決めたほうが、管理が楽かもしれません。

いずれにしても、ブランドガイドラインは一度つくって終わりではなく、ブランドの成長とともに**随時更新しながら育てていくもの**です。

まずはシンプルなものを作成したうえで、必要に応じてルールを追加する方法でもいいと思います。

ブランドガイドラインの参考事例

〈1〉Starbucks「Starbucks Creative Expression」
https://creative.starbucks.com/

〈2〉Francfranc「Brand Identity Guidelines」
https://francfranc.io/

〈3〉Freee「Brand」
https://brand.freee.co.jp/

〈4〉デジタル庁「ブランド」
https://www.digital.go.jp/about/brand/

〈ブランドガイドラインの参考事例〉

Starbucks「Starbucks Creative Expression」

Francfranc「Brand Identity Guidelines」

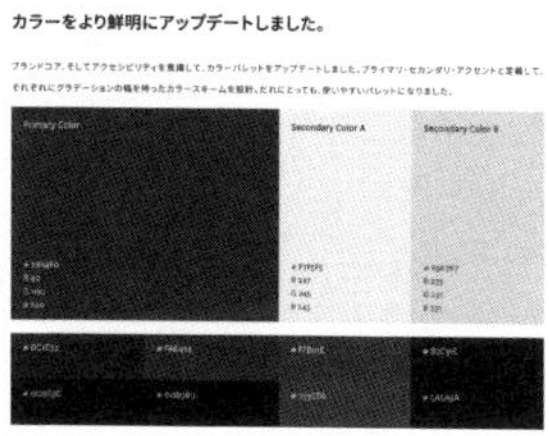


Freee「Brand」

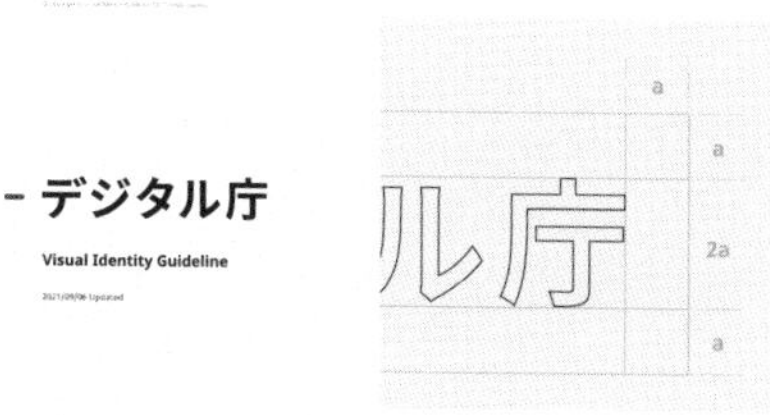

デジタル庁「ブランド」

## ③商品・ツールをつくる

ブランドガイドラインが完成したら、ここからようやく、商品・サービスの開発フェーズに入ります。

商品・サービスの開発においても、コンセプトをつくり、様々な商品ラインナップを展開していくことになります。

コンセプトという言葉は、ビジネスの様々なシーンで登場しますが、ブランディングデザインで使用するコンセプトは「**ブランドコンセプト**」「**プロダクトコンセプト**」「**コミュニケーションコンセプト**」の三種類に分けることができます。

これらは、適用範囲と耐用年数が異なり、図のように整理することができます。

ブランドコンセプトは、何度か説明している通り、ブランドの定義となるものです。三つのうち、適用範囲が最も広く、耐用年数も長いものになるため、数年でコロコロ変えずに、長い時間をかけて育てていくものになります。

プロダクトコンセプトとは、商品やサービスの定義となるものです。

例えば、ダイソンの「吸引力の変わらないただ一つの掃除機」というコンセプトは、ダイソンというブランドのコンセプトではなく、掃除機という商品のコンセプトだと

〈各コンセプトの違い[17]〉

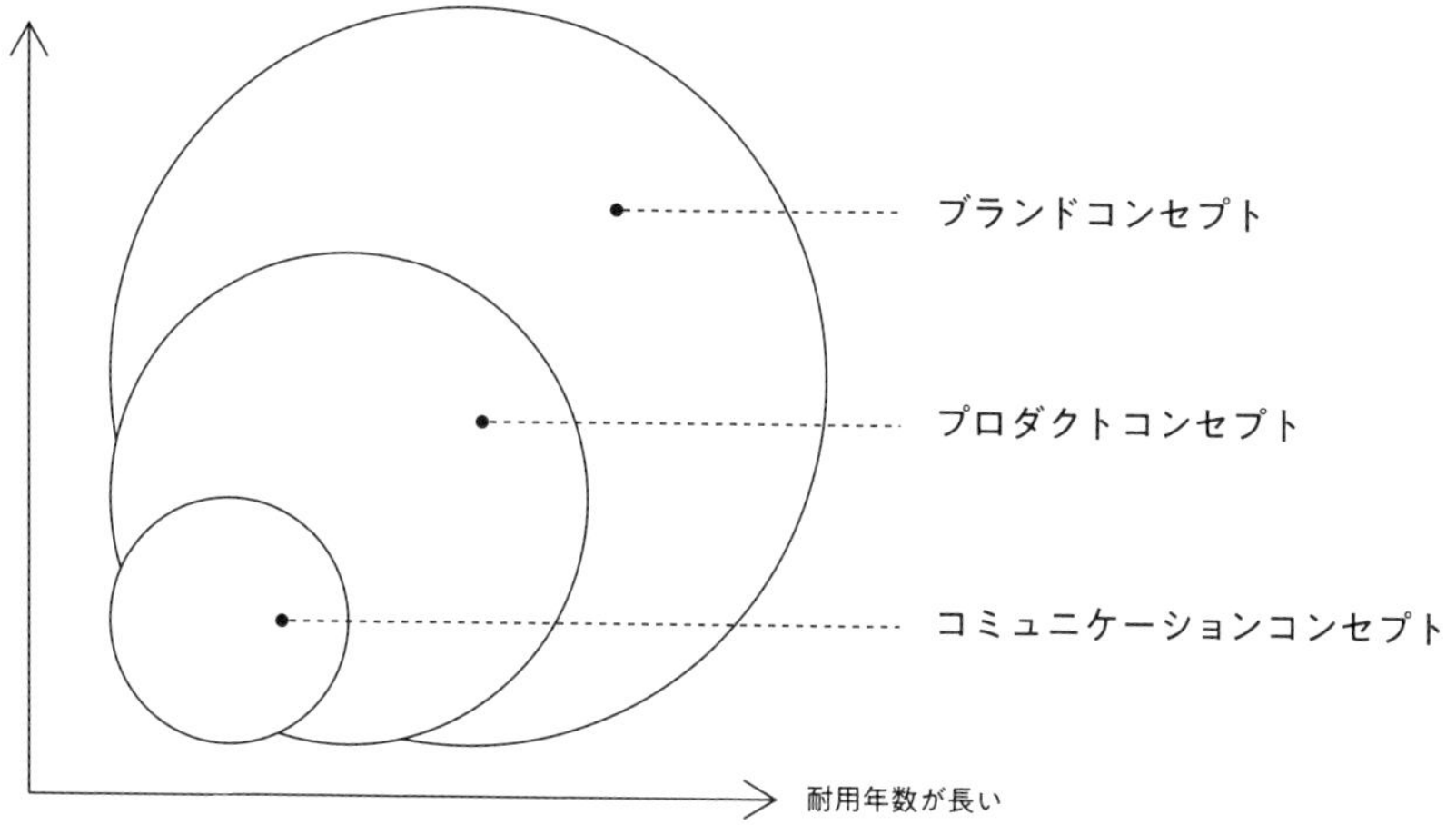


整理できます。バルミューダの「最高の香りと食感を実現する感動のトースター」も、ブランドコンセプトではなく、トースターのプロダクトコンセプトです。

コミュニケーションコンセプトは、その名の通り「伝える」ためのコンセプトであり、お客様に伝える内容の定義となるものです。三つの中では最も耐用年数が短く、適用範囲も限定的だからこそ、瞬発力があるコンセプトが必要になります。

コミュニケーションコンセプトは、時代変化や流行に合わせて、お客様に飽きられることのないように柔軟に変化し続ける必要があります。

17 図の引用
細田 高広『コンセプトの教科書』（ダイヤモンド社、2023）

商品・サービスの開発の際には、ブランドコンセプトと照らし合わせ、ブランドの中で矛盾がないかを確認しながら、商品やサービスの定義となる、プロダクトコンセプトを開発しましょう。

また、ブランドガイドラインに則り、ブランドのツールも開発します。ブランドのツールは、様々なものがありますが、具体的には、リーフレット、ショップカード、名刺、封筒、カタログ、公式サイト、ショッパー、ユニフォームなどがあります。ブランドから発信するすべてのツールは、お客様との接点になります。

そのため、ブランドガイドラインに従い、一貫性を持ったデザインで制作することが必要です。小さなカード一枚でも、お客様との大切な接点の一つです。それぞれのツールからブランドの魅力を感じられ、ブランドを「好き」になってもらえるようなツールを開発できることが理想です。

## STEP4　伝える

### ①インナーブランディング

インナーブランディングとは、ブランドに関わるメンバーに、ブランドへの理解を浸透させる取り組みのことです。

関わるメンバーが「好き」になれないブランドでは、お客様に「好き」になってもらうことはできません。ブランディングデザインを運用していくうえで、インナーブランディングは必要不可欠で、切り離すことはできないものです。

インナーブランディングの施策には以下のようなものがあります。

- トップメッセージ……対面や動画、文章などで、ブランドのトップが自らの言葉で語ることで、ブランドへの理解を深めます
- インナーツール……メンバー向けのブランドのユニフォームやトートバッグ、名刺などのツールを制作し、ブランドへの愛着を育てます
- ブランド広告……広告は、お客様に向けて実施するだけではなく、社内に向けても有効な施策です。動画やビジュアルで伝えることで、直感的にブランドの魅力を伝えることができます

ブランディングデザインの失敗例としてよく聞くのが、「ロゴマークやブランドガイドラインを高いお金をかけて開発したのに、つくっただけになってしまった」というものです。クオリティの高いガイドラインをつくっても、関わるメンバーが内容を理解できていなければ役に立ちませんし、続けられなければ意味がありません。

〈インナーブランディング施策の例〉

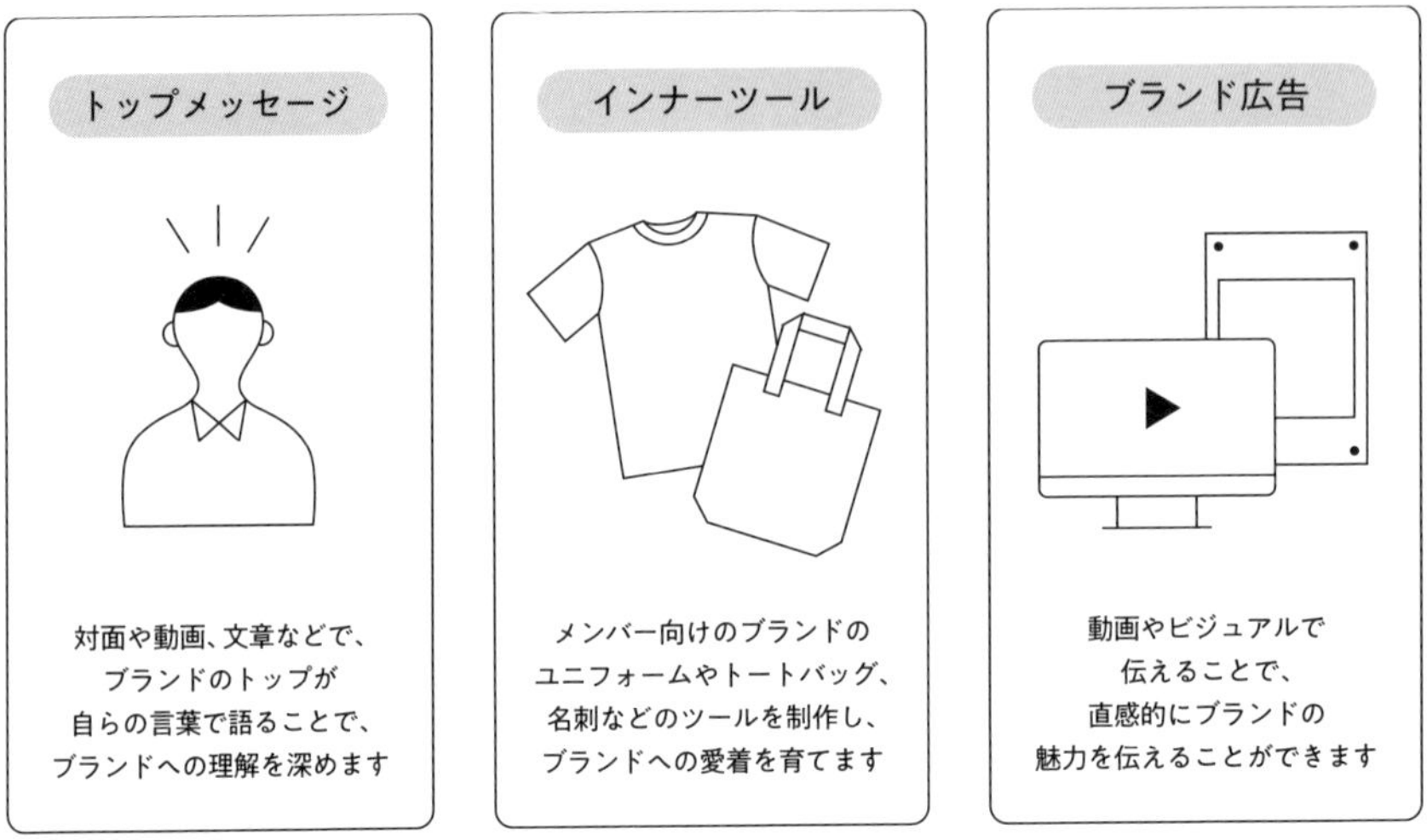
トップメッセージ
対面や動画、文章などで、
ブランドのトップが
自らの言葉で語ることで、
ブランドへの理解を深めます
インナーツール
メンバー向けのブランドの
ユニフォームやトートバッグ、
名刺などのツールを制作し、
ブランドへの愛着を育てます
ブランド広告
動画やビジュアルで
伝えることで、
直感的にブランドの
魅力を伝えることができます

STEP3までは、少人数のコアメンバーを中心にプロジェクトを進行してきましたが、ここからは社内全体へ、ブランドガイドラインを共有していきます。

ブランドガイドラインは、一度決めたら変更不可能なものではなく、現場の声を拾いながら、少しずつアップデートしていくものです。実際にガイドラインを使用して、ブランドを運用してみたうえで、わかりづらい点や、再検討の余地がある部分が出てくれば、アップデートを随時検討します。

### ②広告をつくる

魅力的なブランドや商品・サービスが完成したら、自発的に広がっていくのが理想です。

しかし、これだけ情報が溢れている時代なので、いいものができたからと言って知ってもらえるとは限りません。「好き」が広がっていくための種火をつける必要があります。

ブランドや商品・サービスの認知を上げたい時には、広告を活用するのがおすすめです。広告には、多様な選択肢があり、大きく三種類に分けることができます。

- マス広告…テレビ、ラジオ、新聞、雑誌などの広告
- インターネット広告…ウェブ上のメディアやSNS、メールなどの広告
- プロモーションメディア…屋外広告、交通広告、折込チラシ、ダイレクトメール（DM）、POP、イベントなどの広告[18]

以前はマス広告が中心だったので、広告を制作してお客様に届けるために大きな予算が必要でしたが、現在はSNSを活用した広告など、少ない予算で始められる選択肢が豊富になりました。

広告の制作は、広告会社に依頼する方法もありますし、小規模なものであれば、自社で制作することもできます。

広告予算や、広告の目的、誰に届けたいかなどによって、最適な広告のプランも変

18
参考文献
dentsu.〝2022年 日本の広告費―電通推定「日本の広告費」の概要〞

〈広告の種類〉

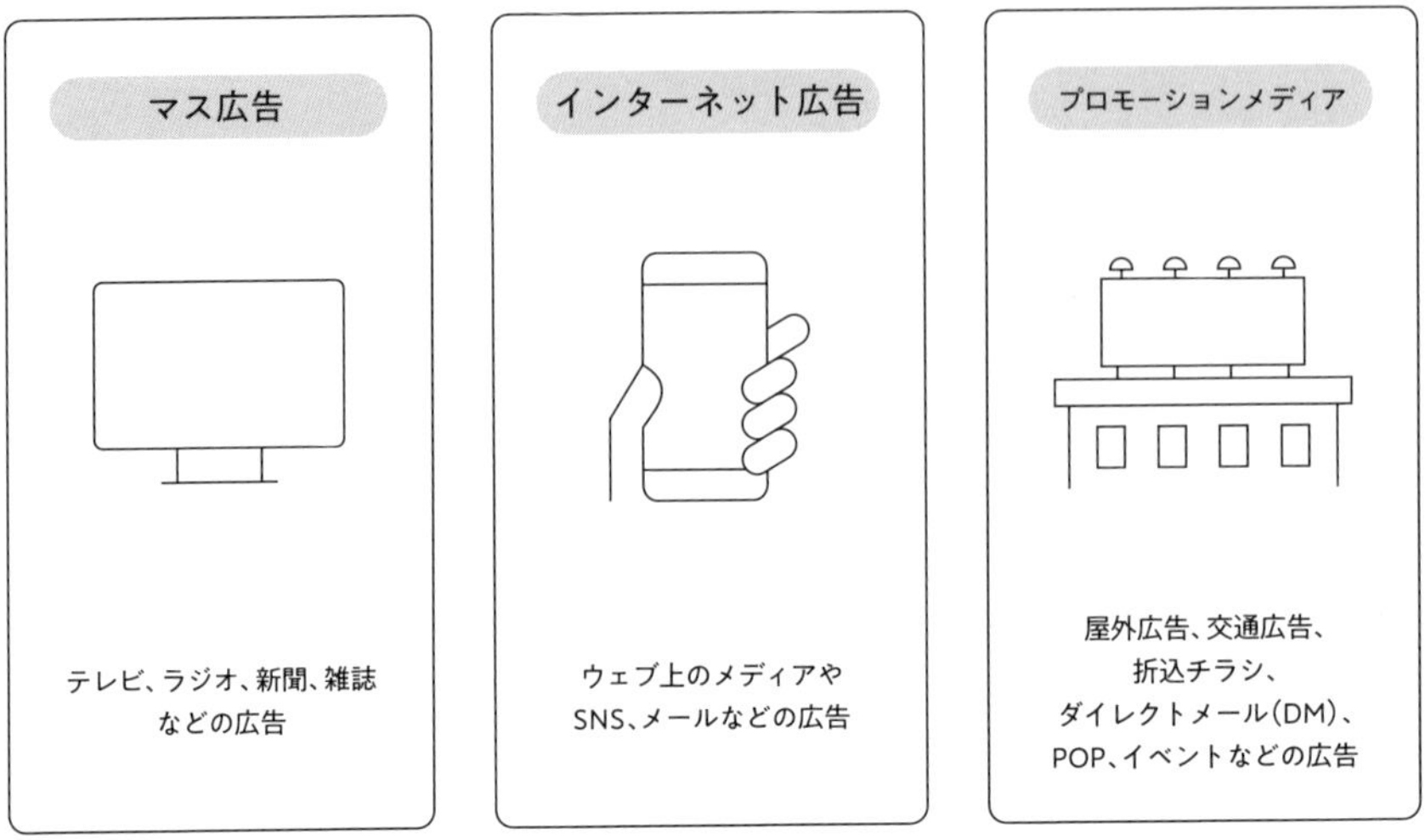


わるため、広告プランの企画から、広告会社に相談をしてみてもよいと思います。

この段階におけるデザイナーの役割は、開発したブランドガイドラインに従って、広告が制作されているかどうかを管理することです。

第2章で、「『ブランディング』と『マーケティング』を混同しないように注意」とすでに説明しましたが、広告をつくる際にはこの二つの違いをチームで明確にして制作するようにしましょう。

例えば、開発したブランドコンセプトを社内外に発信したいのであれば、ブランディング文脈での広告開発が必要になります。そうではなく、ブランディング後の新商品を発売するために、マーケティングをして売上を上げたいのであれば、マーケティング文脈の広告開発を実施しなければなりません。

目的を混ぜてしまうと、どちらも達成できないので注意しましょう。

いずれの広告制作の場合も、ブランドガイドラインに従って制作し、ブランドの「らしさ」はブラさずに運用していくことが大切です。

## ③PRをする

ＰＲとはパブリックリレーションズ（Public Relations）の略で、目的達成や課題解決のために世の中と関係づくりを行うあらゆる手段を指します。ＰＲを実施するフェーズでは、ブランドを「好き」になってもらい、能動的にブランドに関わってもらえるような企画の考案や、情報の発信を行っていきます。

ＰＲの手法の一つに、影響力のある第三者（メディアや有識者など）を通じて情報を届けるものがあり、第三者にブランドを語ってもらうことで、ブランドの認知や信頼性を高めることができます。

繰り返しになりますが、近年は情報量が多く、何が信頼できる情報かわかりにくい状況です。そういう時に大切になるのが、**「どんな情報か」よりも「誰が言っているのか」**という点になります。日常生活を振り返ってみても、「ＳＮＳで○○さんが紹介して

〈広告とPRの違い〉

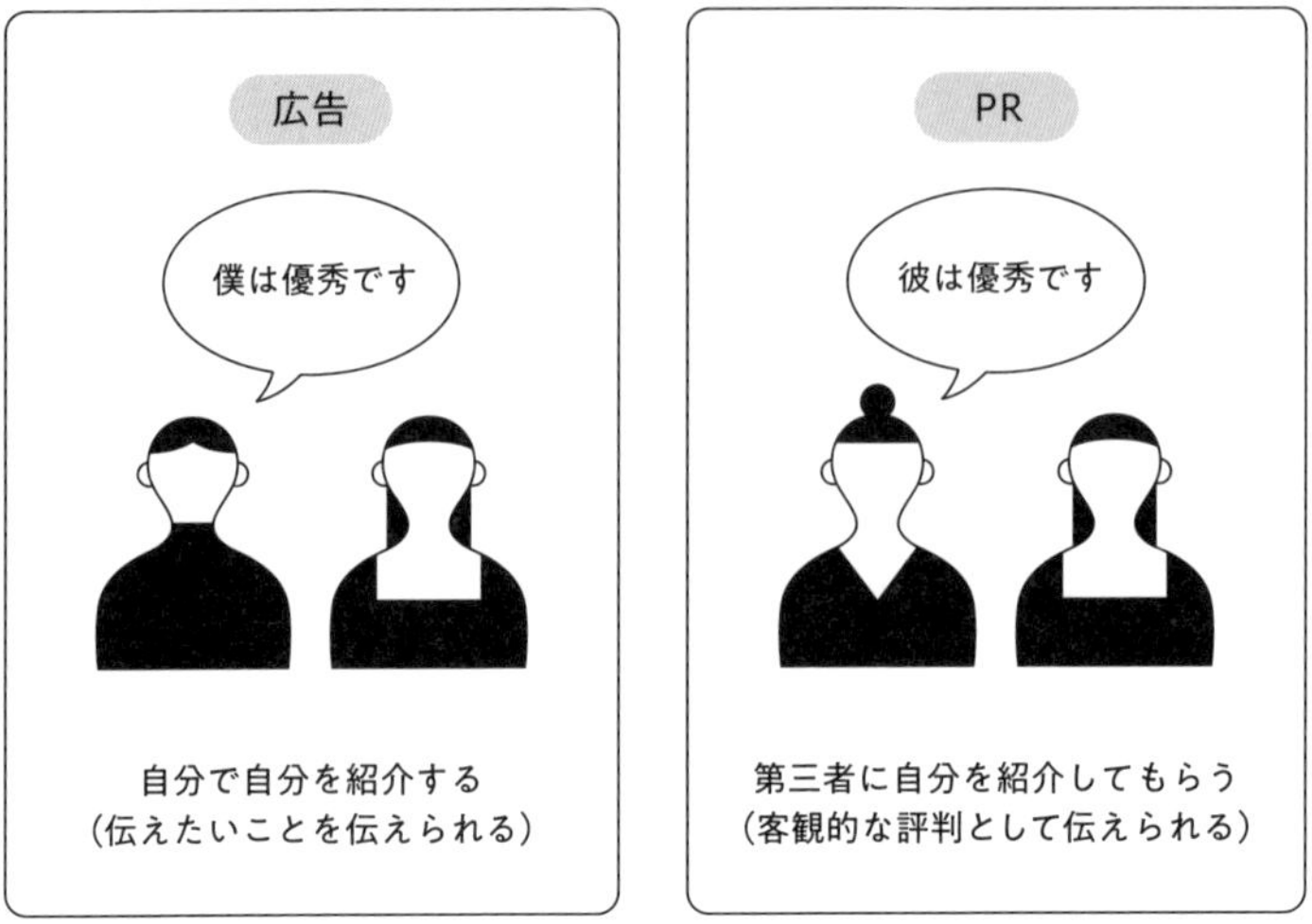
広告
僕は優秀です
自分で自分を紹介する
（伝えたいことを伝えられる）
PR
彼は優秀です
第三者に自分を紹介してもらう
（客観的な評判として伝えられる）

気になった」というきっかけが多いのではないでしょうか。

具体的なPRの取り組みとして、マスメディア（テレビ・ラジオ・新聞・雑誌）、ウェブメディア、インフルエンサーなどの発信力のある人を通じて、ブランドに関する情報を発信してもらうための活動をします。そして、その発信を見た人が、さらに情報を拡散してくれる状態を目指していきます。

そのために、メディアを集めてリリースイベントを実施したり、各メディアの担当者へブランドの説明会を実施したりします。

ブランディングデザインを実施したことで、ブランドに一貫性のあるストーリーができているはずです。そのストーリーをＰＲでも活用し、一貫性のある情報が世の中に出ていくようにしていきましょう。

これらの取り組みを積み重ねていくことで、「らしさ」が強固なものになっていきます。「らしさ」を積み重ねるプロセスは時間と労力がかかりますが、だからこそ競合が簡単に真似できない独自の価値になります。

## ④ＳＮＳを運用する

ブランドの情報を発信するために、ブランドのＳＮＳを運用しましょう。ＳＮＳを活用することのよい点として大きく二つが挙げられます。

一つ目は、ブランドから直接お客様に情報を届けることができる点です。新商品やセールの情報などといった、ブランドからのニュースを伝えることができます。

二つ目は、ブランドについての情報を残すことができ、これまでのブランドの取り組みを、アーカイブできる点です。ブランドの思想や世界観を残していくことで、ブランドについて深く知ってもらえるコンテンツになり、ファンになってもらうきっかけが生まれます。

ＳＮＳには、ツイッター（現・Ｘ）やインスタグラム、YouTube、ＬＩＮＥなど、いろいろなものがあり、それぞれ特徴があります。ユーザー層も異なるため、ブランドと相性がよいものを選ぶとよいでしょう。

## ＳＴＥＰ５　育てる

### ①ブランドを育てる

ＳＴＥＰ４までで、ブランディングデザインにおけるプロセスの最終地点となりますが、これで終わりではありません。ブランドは一度つくったら終わりではなく、育てていくものです。

一つのブランド運営でも、日々の業務は膨大です。新商品・サービスの開発、広告の企画制作、ＳＮＳの運用、施策の効果測定など、業務を挙げればきりがありません。これらの取り組みを一貫性を持って運営していく、すなわち「ブランドを育てる」ことで、ブランドの認知度は少しずつ上がり、成長していきます。

これらの取り組みの中でデザイナーは、ブランドガイドラインに則り、制作物が一貫性を持って制作されているかを確認し、管理していきます。

一つ一つの制作物をクオリティ高く運用することはとても労力がかかりますが、だからこそ続けることで、他には真似できないブランドのオリジナリティが生まれていきます。

### ②仕組みを見直す

どれだけ完成度が高いブランドをつくり上げても、世の中は日々、速いスピードで変化をしているため、飽きられてしまうこともあります。

そのため、時代の変化を汲み取り、ブランドを見直すことが必要です。新ブランドをローンチし、世間の反応が見えてきたら、社内の声やお客様の声を集めて、見直すべきポイントを整理しましょう。制作したブランドガイドラインや、組織体制、確認プロセスなども、問題があればこの時点で見直しを行います。

世界のラグジュアリーブランドも、ブランドのアイデンティティは大切にしながら、ロゴマークをリニューアルしたり、時代の変化に合わせた商品開発を行ったりしています。

長く愛され続けるブランドであるためには、時代に合わせて変化していくことが必要なのです。

ブランドデザインサイクルを繰り返すことで、ブランドの力は渦のように大きく広がっていきます。継続することで、他のブランドには簡単に真似できない大きな力が生まれていくのです。

その渦は徐々に大きくなり、多くの人を巻き込む力になります。

日本の企業には、素晴らしい文化や技術があります。

ブランディングデザインを通じて、それらが可視化され、長く愛されるブランドが一つでも多く生まれたら嬉しく思います。

# 第 4 章

# ブランディングデザインを体験しよう

第4章では、私が実際に関わったブランディングデザインの事例を紹介します。第3章では、五つのステップでブランドデザインサイクルを説明しましたが、実際の仕事においては、ブランドの抱える課題は様々です。

一つの型にはめて順序正しく実施できないことも多々あり、状況に応じて、柔軟に対応し活用する必要があります。

ここからは、三つの事例を通して、実際のプロジェクトにデザイナーがどのように伴走したのかを紹介していきます。実際の仕事への取り入れ方として、参考にしていただければと思います。

# 1 スタートアップのブランディングデザイン

## ブランドらしさを明確にしたい

「ＦＵ《フ》ＪＩ《ジ》ＭＩ《ミ》」という、パーソナライズ分析をウェブ上で行い、一人一人の特性に合わせたサプリメントやプロテインを提供するブランドがあります。

２０１８年に創業したスタートアップ「トリコ」のブランドで、代表取締役ＣＥＯを務める花房《はなふさ》 香那《かな》さんと、加藤《かとう》 敏美《としみ》さんのお二人が中心となって立ち上げたブランドです。

私が最初にお二人とお会いした時に、フジミのリブランディングについてご相談を受けました。

トリコは数年で急成長した会社で、所属するメンバーも日々増えている状況でした。創業当初は、花房さんがすべてのクリエイティブをチェックし、ブランドの一貫性を管理していましたが、ブランドが大きくなるにつれて、その体制に限界が出てきたそうです。

「フジミらしさを明確にし、各メンバーがルールに従ってブランドを運営できる状態をつくりたい」という相談でした。

ブランディングに取り組む前に、状況のヒアリングを実施しました。

トリコの中には数名のデザイナーが在籍していて、ブランドのツール類は社内で制作していましたが、広告制作や、新商品開発、イベントの準備など、様々なデザイン業務に追われ、業務量は膨大でした。ヒアリングを通じて、今後のブランドの成長を考えるなら、社長である花房さんのデザイン確認業務を減らし、デザインチームの作業を効率化することが必要だと感じました。

でも、この時感じたのは課題だけではありませんでした。

フジミには、まだ20代の二人が新しい感性でつくり上げた魅力が詰まっていて、たくさんの人に愛される独自のブランドに成長する予感がありました。

## STEP1 分析する
### ……大きな二つの強みがあった

ブランドデザインサイクルの、STEP1にあたる部分からプロジェクトは始まります。

フジミのリブランディングプロジェクトは、花房さん、加藤さんと私が中心となり、フェーズごとに、ストラテジックプランナー、コピーライター、グラフィックデザイナーなどのクリエイティブチームが参加するスタイルで進めました。

コアメンバーの人数が少なかったため、スピーディかつ、多数決に偏らずにプロジェクトを進められる体制が実現できました。

ブランドの「らしさ」を明確にするために、ブランドの歴史や、花房さんの想いについてインタビューを実施しました。

フジミの歴史は、花房さんの個人的な経験から始まったものです。実は、花房さんにとってトリコは二つ目の会社。大学卒業後すぐに、「ミワク」という美容メディアの会社を立ち上げ、記事を書くために様々な美容商品を試すうちに、「本当に買いたいと思える商品が少ない」「自分に合った商品を見極めるのが難しい」ということに気がつきました。起業したばかりで、日々の業務に追われ、自分自身も肌悩みを抱える中で、体の内側からのケアが重要だと感じるようになったそうです。

そこで、トリコを立ち上げ、サプリの商品開発に取り組みました。フジミのファーストプロダクトである、パーソナライズサプリメントは、花房さんの原体験から生まれた商品だ、ということがインタビューでわかりました。

トリコは、「私らしい美しさで、私をもっと好きになる」というビジョンを掲げているのですが、それは花房さんの個人的な経験から生まれたものでした。

インタビューの他にも、社内のメンバーに向けてアンケートを実施しました。フジミらしさを知るために、様々な部署から意見を集めました。その結果、トリコならではの二つの大きな強みを発見します。

一つ目は、クリエイティブを大切にしている点です。

共同創業者の加藤さんは、美術大学の出身で、もともとはデザイナーでした。花房さん自身もデザインにこだわりがあったため、商品のパッケージデザインや、ブランドの世界観を表現する写真など、ブランドのクリエイティブをとても大切にしてきたことがわかりました。ブランドを立ち上げた時から、パッケージデザインは、生活やインテリアに馴染むことを意識していたそうです。

クリエイティブをあまり重視してこなかった企業が、クリエイティブを後から経営に組み込むためには、様々なハードルがあることが多いのですが、創業当初からクリエイティブを経営のそばに置き、経営層が大切にしてきたことは、大きな強みだと感じました。

また、社内にはデザインチームもあり、ブランドのツールは、デザインチームが制作しています。スタートアップで、自社にデザインチームを抱えている企業は多くはないため、強みとなる特徴です。

二つ目の強みとして、フジミを運営する社員は、20、30代の若いメンバーが中心となっている点がありました。

各種オンラインツールに全員が慣れているため、打ち合わせはオンラインを中心にスピーディに進みました。ＳＮＳ運用も得意な人が多く、デジタルネイティブの世代が中心となっているからこそ実現できる、テクノロジー面の強さとコミュニケーション力の高さがありました。

この二つは、ブランドにとって大きな強みになり得ると思いました。

同時に、アンケートによって見えてきた問題もありました。

それは、「フジミらしさ」がこれまできちんと規定できておらず、ブランドに対する理解が人によってバラバラだったことです。また、若いメンバーが多いため、そもそもブランドというものへの理解を、彼らに深めてもらうことも必要だとわかりました。

自社の姿がある程度見えてきたところで、市場・顧客の分析も実施しました。

ターゲットをリサーチする中で、今のフジミの主なお客様は、社内のメンバーと同世代の、20代の若い世代が多いというデータが提示されました。これまで若いメンバーを中心に、自分たちの感覚でクリエイティブを制作してきたため、「好き」だと感じてくれるお客様が、感覚が似通っている同世代に偏ってしまっていたことが判明したのです。

ブランドとしては、30、40代の美容の悩みが増える世代にも、商品のよさを体験してほしいという想いがありながら、この世代にはまだまだ認知が低いことがわかりました。

このような問題を受け、リブランディング後のブランドの世界観は、「30、40代にも受け入れられる洗練されたイメージに変えていこう」という方針を決定しました。

競合についても、リサーチを実施します。リサーチの中で、発売当時は新しかった、「パーソナライズ」という発想も、ローンチから数年経ち、類似のブランドが増えてきていることが判明しました。サプリメントだけではなくスキンケアやシャンプーなど、類似の商品が市場に乱立している状況が生まれていました。

一方で、新しいブランドが乱立している状況ではあるものの、パーソナライズビュー

〈FUJIMIブランドのコア〉

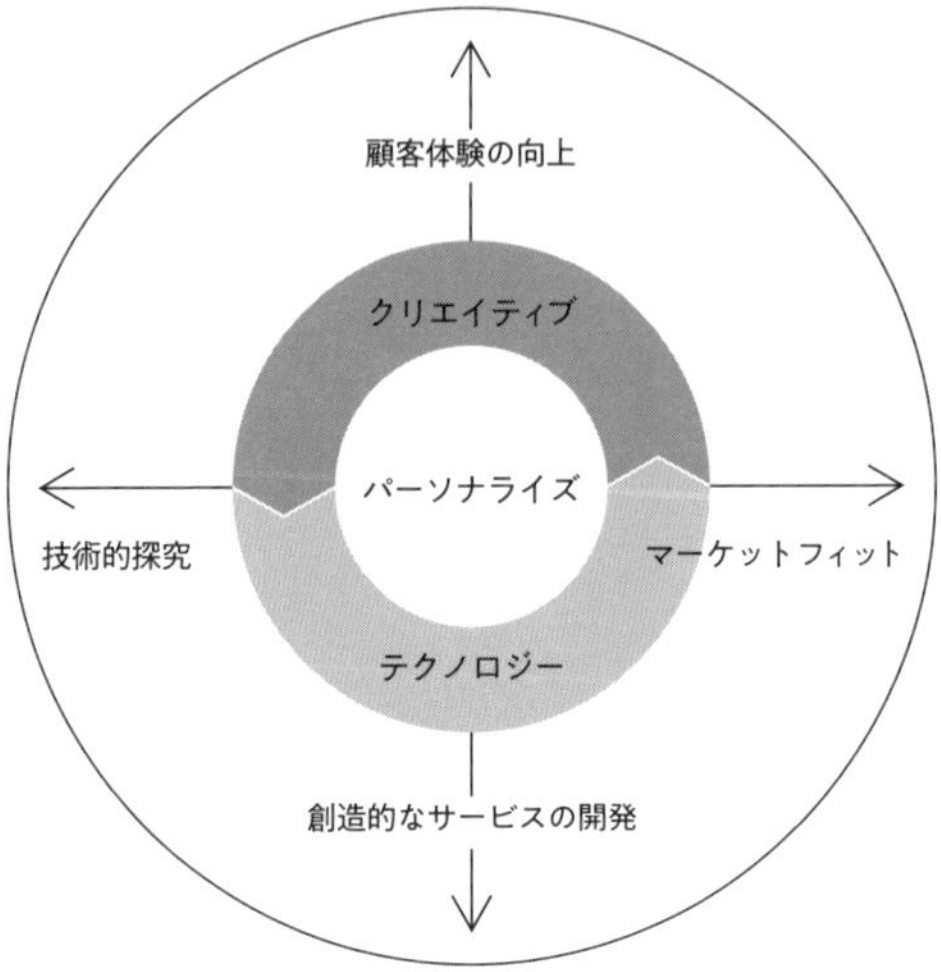


ティ市場は、まだまだ歴史も浅いため、圧倒的な認知があるブランドが生まれていないこともわかりました。

これらのリサーチを受けて、ブランドのコアを、図のように整理しました。この図は、クリエイティブとテクノロジーを使って、パーソナライズ、つまり個々に向けた商品・サービスの最適化を探究していくということを示しています。

この図中におけるクリエイティブは、これまでの常識にとらわれない新しいアイデアやデザインのことを指していて、テクノロジーは、デジタルツールを活用した商品や、体験のことを指しています。

「この二つの力を武器に、フジミを育てていこう」という方針を固めました。

## STEP2 コンセプトをつくる
### ……パーソナライズビューティケアの総合ブランド

ここからプロジェクトは、「コンセプトをつくる」フェーズへ。ブランドデザインサイクルでは、STEP2にあたる部分です。

ここまでの情報をコンセプトワークシートに整理すると次のようになります。

ビジョン、強み、ターゲット、問題をそれぞれ次のようにまとめました。

- ビジョン……私らしい美しさで、私をもっと好きになる
- 強み……クリエイティブとテクノロジー
- ターゲット……30、40代の忙しい日々を送っている男女
- 問題……自分に合う美容商品を見つけることが難しい

その結果見えてきたのが、「パーソナライズビューティケアの総合ブランド」というブランドコンセプトです。

〈FUJIMIのコンセプトワークシート〉

## コンセプトワークシート

| ブランドについて | |
| --- | --- |
| ビジョン | 強み |
| 私らしい美しさで、<br>私をもっと好きになる | クリエイティブと<br>テクノロジー |

| ターゲットについて | |
| --- | --- |
| ターゲット | 問題 |
| 30、40代の忙しい日々を<br>送っている男女 | 自分に合う美容商品を<br>見つけることが難しい |

▼

| ブランドコンセプト |
| --- |
| パーソナライズビューティケアの<br>総合ブランド |

| 商品・サービス | 提供価値 |
| --- | --- |
| パーソナライズサプリメント<br>パーソナライズプロテイン<br>パーソナライズスキンケア etc. | それぞれに合った<br>美容商品を届け美を叶える |

競合を分析したところ、パーソナライズブランドは増えたものの、サプリやシャンプーなど、個別のブランドがあるだけで、複数の美容商品を組み合わせ、トータルビューティを提案できているブランドはまだ市場になさそうだ、ということがわかりました。

ビューティケア、つまり美しさを叶えるためのアプローチには、様々な方法があります。顔や体など目に見える部分だけではなく、健康状態や、心の状態も美しさに影響を与えるものであり、どういったケアが必要なのかは人それぞれ異なります。「あなたに必要なビューティケアは何か」を、フジミから提案することができれば、これまでなかったサービスになりそうです。

また時間軸を長く捉えてみると、一人の人でも、季節による変化があり、いい時もあれば不調の時もあります。人は必ず一年ずつ年をとるので、年齢による変化もあります。

これらの変化を履歴として記録し、一人一人に向けた最適な商品を、毎月自宅に届けることができれば､単なる美容ブランドという枠を超え､人生を並走するパートナーになり得ると考えました。

このブランドコンセプトをつくったことで、「メンタルケアなど、目に見えない部分も提案できるようにしたい」という現場からの声も挙がりました。現場から新しいアイデアが生まれるブランドコンセプトは、優れたものだと言えます。

フジミが今後ブランドを拡大していく際の、指針になる言葉が見つかったのです。

ブランドコンセプトが確定したので、それに基づいて、コピーライターとともにステートメントを開発しました。ステートメントの開発を通じて、ここまでに規定した「フジミらしさ」を言語化していきました。

このステートメントは、リーフレットや商品の箱など、現在でも様々なツールに使用されていて、「フジミらしさ」を伝えるために活用されています。

美しさを私らしく

美しさ。それは、体の内側から溢れる生命力。
心や体のゆらぎも、きっと美しさの一部になる。
美しさをもっとしなやかに、私らしく。
FUJIMIはパーソナライズビューティケアで、
世界に選択肢よりも、私らしさを増やしていく。

〈FUJIMI MIRROR〉

## FUJIMI

ネーミングについても検討していきました。

フジミというブランド名に変更はありませんが、パーソナライズビューティケアの大切な要素であるパーソナライズ分析に、これまでは明確な名前がありませんでしたが、パーソナライズ分析は、フジミ独自のものとして育てていくべきだと考え、ネーミングを開発することを決断しました。

様々な候補の中から選ばれたのが、「FU《フ》JI《ジ》MI《ミ》 MI《ミ》RR《ラ》OR《ー》」という名前です。

このネーミングによって、フジミにとってパーソナライズ分析とは、お客様を映し出す鏡のような役割を果たす存在だと規定しました。

フジミラーは単なる情報の分析を超えて、お客様の美容と健康のパートナーとして、今後さらに成長させていくことを目指しています。

## STEP3　カタチをつくる
### ……「日本の美意識」が拠り所に

ここから「カタチをつくる」フェーズへ。ブランドデザインサイクルでは、STEP3にあたる部分です。まずは、フジミのVIの開発に取り組みました。

STEP3の最初に取り組んだのは、ブランドの顔とも言えるロゴタイプの開発です。フジミのロゴタイプは、花房さんが創業当初に自身で開発されたものでした。

創業時には、等身大でブランドに合っていたロゴタイプでしたが、ブランドの成長に伴い、目指す姿とややズレが生まれているように見えました。

今後フジミが、パーソナライズビューティケアブランドとして大きくなり、現状のユーザーである20代だけではなく、30、40代へお客様の年齢層が広がるとしたら、現状のデザインはやや子どもっぽいのではないか。カジュアルで親しみやすい印象から、知的で洗練された印象へリニューアルしてもよいのではないかと考え、新しいロゴタイプを提案しました。

〈FUJIMIの新旧ロゴタイプ〉

FUJIMI

▼

FUJIMI

古いロゴタイプをブラッシュアップしたものと、新しいロゴタイプを比較し、何度か修正を繰り返して案を詰めていきました。

その結果、フジミが新しく目指すイメージに近いものを選ぼう、という方針になり、ロゴタイプは新しいデザインへリニューアルすることになりました。

これまでのフジミの魅力を失わずに、さらに多くのお客様に愛してもらえるブランドになるように、ということを心がけてデザインを仕上げていきました。

次に取り組んだのは、ブランドカラーについてです。これまでのフジミには、ブランドカラーがなかったのですが、美容ブランドが乱立している状況で差別化するためには、目印になるブランドカラーがあったほうがよいのではと感じていました。

その時にヒントになったのが、フジミというブランド名です。

「フジミ」という名前には、「不死身」という意味と、富士山を連想する「富士見」という意味が込められていることを、インタビューの中ですでに聞いていました。

さらに、花房さんに詳しく話を伺うと、日本語の語感や日本の美意識が好きだという話も挙がりました。ちなみに企業名のトリコも、「虜」という意味が込められています。

これらのエピソードを受け、フジミのブランドカラーは「藤色」を提案しました。「藤」は日本で昔から愛されてきた植物で、見た目の美しさだけではなく、生命力が強くて寿命の長い植物です。なんと、樹齢千年を超えるものもあるそうです。フジミも藤のように、たくさんの人に長く愛されるものを目指そう、という意味をブランドカラーに込めました。

この時、注意したのは、ブランドカラーを藤色に設定することで、男性のお客様を排除しないか、という視点です。

フジミはパーソナライズビューティケアブランドであり、男性のお客様にも使っていただきたいというブランドの想いがあります。藤色のような薄い紫を全面的に使用した時に、「女性向けのブランドだ」と捉えられることは避ける必要がありました。

そこで、デザインチームと、ブランドカラーをパッケージデザインや、ウェブサイトなど、各ツールに展開した時に、どう見えるかを検証していきました。

この検証の中で、ブランドカラーを全面的に使いすぎると女性向けのブランドだと誤解されることがあるため、白と藤色をバランスよく使用することで、誤解を生まないようにしよう、というブランドカラーを使用する際のルールを決めました。

こうして、フジミの大切なブランドカラーが決定しました。

このように、ブランドの要素がストーリーでつながっていくと、ブランドの「らしさ」はより際立っていきます。

その他にも、ルックアンドフィール、ロゴタイプのレギュレーション、推奨書体などをまとめ、ブランドガイドラインを作成していきました。

ブランドガイドラインができたことで、花房さんが考えるブランドらしさを可視化することができ、個々のメンバーが自身の判断でブランドを運用できる体制も整いま

〈FUJIMIのブランドガイドライン〉

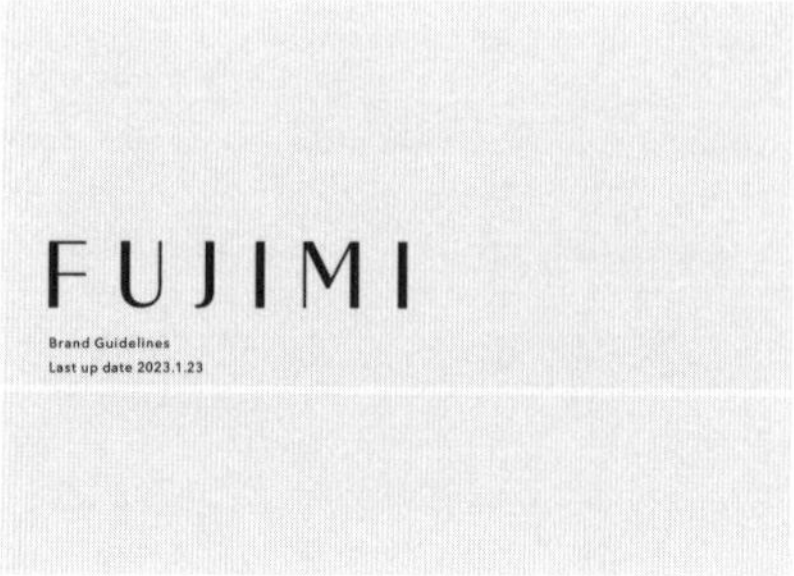


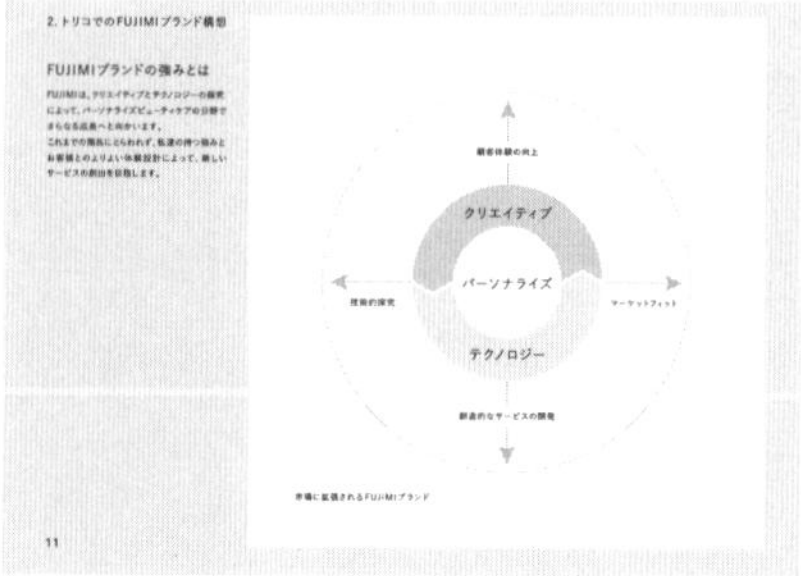


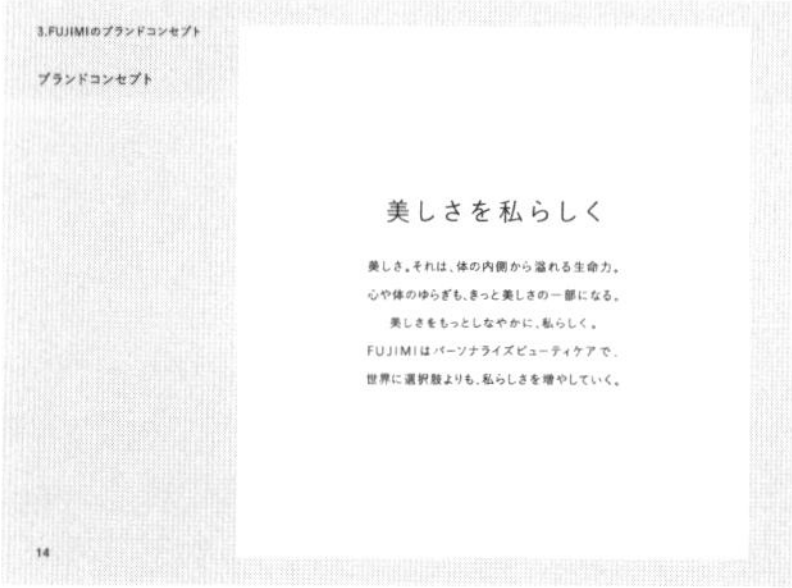


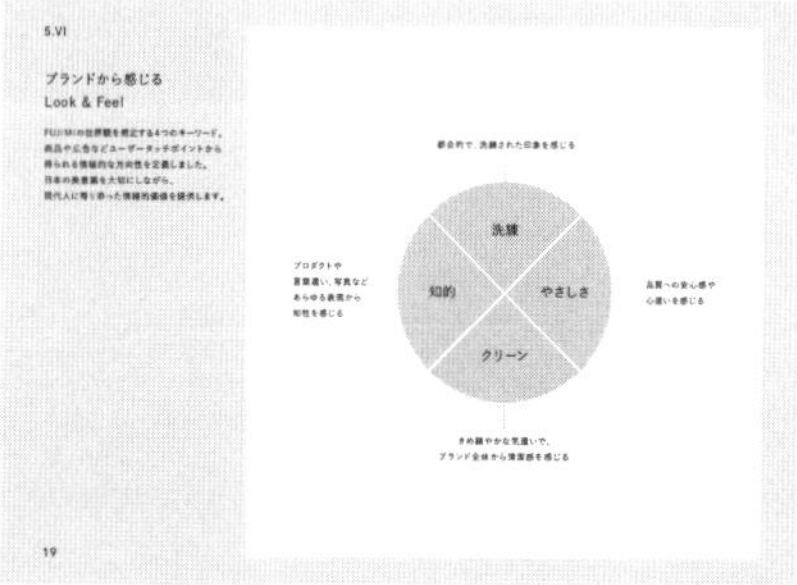


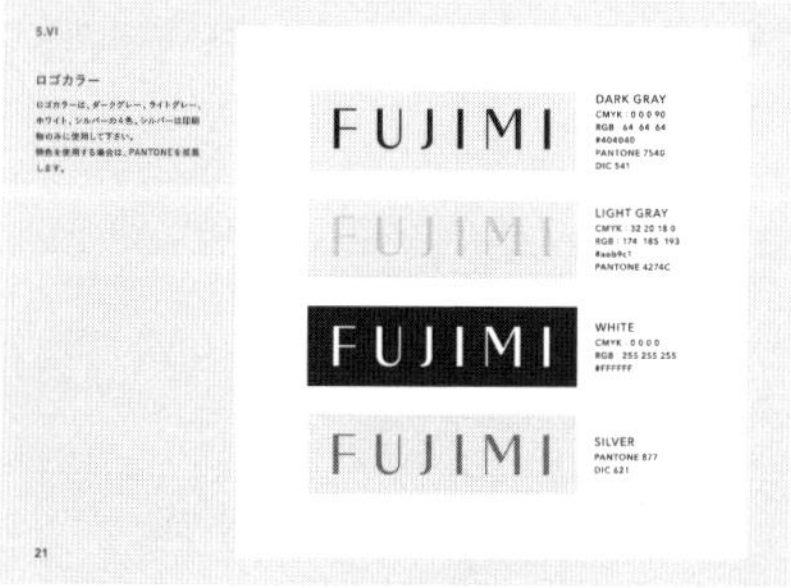

した。

プロジェクトは、このブランドガイドラインを活用し、各種制作物をつくるフェーズへ進んでいきます。

ブランドガイドラインを制作した後、キービジュアルの企画を検討していきました。キービジュアルとは、様々なブランドで使用する、メインのイメージ画像のことです。ホームページのトップや、リーフレットの表紙に使われている画像をイメージするとわかりやすいと思います。

フジミはウェブサイトでの販売が中心のブランドなので、キービジュアルがとても大切だと考えていました。店舗があるブランドは、店頭でブランドの世界観を伝えることができますが、ウェブサイトが中心となる場合、キービジュアルがブランドの世界観を伝えるものになります。

キービジュアルを開発する際に、拠り所にしたのが、ブランドガイドラインで設定したルックアンドフィールです。

フジミのルックアンドフィールは、次のような言葉でまとめていました。

**日本の美意識を大切にしながら、現代人に寄り添った情緒的価値を提供する**

- 洗練……都会的で、洗練された印象を感じる
- やさしさ……品質への安心感や心遣いを感じる
- クリーン……きめ細やかな心遣いで、ブランド全体から清潔感を感じる
- 知的……プロダクトや言葉遣い、写真などあらゆる表現から知性を感じる

これら四つの言葉を規定するために拠り所にしたのが、「日本の美意識」です。日本には、「おもてなし」という表現に代表されるように、細やかな心遣いや、移り変わる四季を愛でる細やかな感性があります。

フジミのパーソナライズビューティケアにおける思想の根底には、一人一人の微妙な変化に寄り添うおもてなしの心があり、それは花房さんが大切にしてきた価値観でした。フジミらしさを可視化するためには、「日本の美意識」と、設定した四つの言葉を体現するビジュアルを開発したい、とデザイナーとして強く感じました。

そこで、キービジュアルは「現代の日本画」というテーマを設定。フォトグラファー、ヘアメイクアップアーティスト、スタイリストなどのクリエイターの力を借り、キービジュアルを撮影しました。

キービジュアルの開発を通じて、これまでのプロセスでは既存の素材でイメージしていたブランドの世界観を可視化し、ブランドに関わる全員がフジミらしさを共有できる状態をつくることができました。

FUJIMI

FUJIMI

リブランディングの開発と並行して、新商品開発も進んでいました。サプリ、プロテインに続く次なる新商品はスキンケア。

しかし開発は一筋縄ではいきませんでした。商品開発についても最初にリサーチを実施し、分析を行いましたが、スキンケアはサプリやプロテインと比べても圧倒的に競合が多いカテゴリーで、オリジナリティのある商品をつくることのハードルが非常に高いことがわかりました。

商品開発チームとデザイナーで、数ヶ月にわたってアイデアを持ち寄り、打ち合わせを繰り返しましたが、なかなかオリジナリティのあるアイデアを見つけられませんでした。

そんな中、開発担当の紺野《こんの》友里絵《ゆりえ》さんからあるアイデアが出てきました。それは、「季節に合わせた処方を提供するスキンケア」というプロダクトコンセプトです。

日本には四季があり、季節に合わせて肌悩みは変わるもの。けれど肌悩みに合わせて自分で季節ごとに選ぶことは難しいのではないか、という発想から生まれたものでした。これはパーソナライズビューティケアでなければ実現できないアイデアであり、店舗で買うのではなく、毎月自宅に届けることができる「フジミならでは」のプロダクトコンセプトでした。

ここから、季節ごとの悩みを洗い出し、一人一人の悩みに対応する商品の開発が進んでいきました。

まだこの世にない商品をつくる場合、当然ですが実現することが難しいことが多く、企画倒れになることはよくあります。しかし、トリコのメンバーの粘り強さとエネルギーで開発は着実に進んでいきました。

スキンケアは、リブランディング後のフジミにとって最初の新商品になります。ブランドらしさをパッケージデザインでも表現したいと思いました。

ここでデザインのヒントになったのが、日本の伝統色です。日本の伝統色は、「桜色」「若葉色」「茜色」「空色」など日本の四季や自然の中にある色を集めたものです。昔から、日本人が四季の変化や、自然の中の色の美しさを肌で感じていたことが、色の名前からもよくわかります。ブランドカラーの藤色も、日本の伝統色の一つでした。「季節に合わせた処方を提供するスキンケア」というプロダクトコンセプトと、日本の伝統色は相性がよさそうだと思いました。

そこで、スキンケアラインは日本の伝統色を参考に、パッケージデザインを開発することに決定しました。日本の伝統色はそのまま使用すると和の印象が強すぎるため、伝統色を参考にしながらも、現代の暮らしに合う色を設定していきました。

パッケージデザインの制作と並行して、一人一人の肌の特性に合わせた中身の開発も進んでいました。乾燥肌や脂性肌、敏感肌など、肌にも個性があります。また、夏の紫外線や、冬の乾燥など、季節ごとに悩みも変化します。

このように多様な肌の個性と変化に対応する商品は、紺野さんを中心に丁寧にかつ迅速に開発が進んでいきました。

また、フジミは、ウェブ上のパーソナライズ分析を通して、一人一人に合った商品を提供するサービスなので、パーソナライズ分析の開発も同時に進んでいきました。

こうして、フジミのスキンケアが完成しました。フジミらしさを体現した、オリジナリティのある商品が生まれたのです。

## STEP4　伝える
### ……ブランドらしさを組織へ浸透させるために

ここからプロジェクトは「伝える」フェーズへ。ブランドデザインサイクルでは、STEP4にあたる部分です。

ブランドについて社内での理解を深めるために、ブランドのトップである花房さんから社員全員へ、新しいフジミについて語っていただく機会を設けました。ブランドガイドラインで固めた内容をベースにご自身の言葉で語っていただくことで、フジミとはどういう思想と世界観を持ったブランドなのかを社内へ共有することができ、トリコ社員のブランドへの理解を深めることができました。

フジミの場合は、STEP1の分析段階で社内アンケートを実施したり、完成前のブランドガイドラインを途中でチームリーダーへ共有し、違和感がないかをその都度確認したりしていました。

ブランドガイドラインを使うのはブランドに関わる一人一人ですから、トップが勝手につくったものだと捉えられてしまうと組織に浸透していかないことがあります。ここまでのプロセスに丁寧に時間をかけ、社内のメンバーと丁寧に議論を重ねていたため、違和感なくブランドガイドラインを受け入れてもらうことができました。

社外へ向けてもPRを実施し、フジミのリブランディングについての記事は、雑誌や新聞、ウェブメディアなど様々な媒体に掲載されました。

PRにも、このプロジェクトで一つずつ積み上げて見えてきた、ブランドのストーリーが役立っています。社内の誰が取材を受けても、ブランドらしさをブラさずに答えられる状況をつくることができました。それぞれの言葉で語られながらも、根底にあるブランドらしさは揺らがない状態をつくることができたのです。

組織にブランディングを浸透させることができたのは、経営陣のブランディングに対する理解力、社内メンバーの理解力、組織の風通しのよさがあってこそだと思います。

実は、この「伝える」フェーズで一番苦労したのが、広告制作でした。フジミはこれまでもＳＮＳを中心に広告を運用しており、ＳＮＳ広告はマーケティング施策において非常に重要な存在でした。

ＳＮＳ広告の制作にあたり、ブランディングを重視するメンバーと、マーケティングを重視するメンバーとで意見が対立したため、広告制作における判断基準をつくる必要がありました。

ブランディング施策とマーケティング施策の棲み分けの難しさは、フジミだけの問題ではなく、どんなブランドでもよく起こる問題で、他の仕事でも何度か相談を受けたことがあります。

この時、陥りやすい失敗が、ブランドガイドラインで決まった世界観を、マーケティングにも当てはめようとするケースです。ブランドガイドラインはあくまでブランディング視点でのガイドラインであり、マーケティングに全部当てはめようとすると、広告として強さが失われることがよくあります。

第2章ですでに述べたように、「ブランディングの目的＝好きになってもらうこと」で、「マーケティングの目的＝売ること」です。

フジミのプロジェクトでも、両者の棲み分けについて社内で共通認識を持つところから始めました。

マーケティングの部署とも連携し、ブランドの制作物における目的の整理を行いました。

フジミの場合は、ブランドの公式サイトや店舗など、ブランドの世界観を伝えたいツールは、ブランディングを目的に。ＳＮＳ広告や、チラシなど、売上を目的にしたツールはマーケティング目的として制作する、という方針を設定しました。

この目的設定は、ブランドによって異なりますが、ブランディングとマーケティングの棲み分けを社内で認識を揃えることは、どんなブランドでも行っておいたほうがよいでしょう。

ゆくゆくは、ブランドの認知が上がり、ブランディング施策を通じてファンが育っていくことが理想ですが、認知を拡大するブランドのフェーズでは、ブランディング施策とマーケティング施策を上手に組み合わせ、お客様に知ってもらう取り組みを実施することが多いのです。

二つの施策は決して敵対するものではなく、ブランドを大きくしていくうえではどちらも必要です。きちんと目的を整理したうえで、表現を使い分けることが大切だと思います。

マーケティング担当者とデザイン担当者との議論の末、ＳＮＳ広告はブランドガイドラインと別のルールを設け、柔軟にブランドを運用することになりました。

現在は、社内のデザインチームが、目的に応じて二つのルールを使い分け、制作を行っています。フジミのブランドの世界観を壊さずに、かつ、きちんと効果の出る広告をつくることができる体制が実現できたのです。

## STEP5 育てる
### ……ブランディングデザインは組織の自主性をつくる

フジミは現在、「パーソナライズビューティケアの総合ブランド」というブランドコンセプトのもと成長を続けており、様々な商品開発も進んでいます。このプロジェクトを実施したことによって、大きな二つの効果がありました。

一つ目は、ブランドのトップが日々のデザイン確認業務から解放され、社内でブランドを管理する仕組みが整ったことです。

ブランディングデザインには、目に見えるデザインをつくる役割だけではなく、組織としての強さをつくる役割もあります。守らなければならない部分と、自由に考えることができる部分が整理されることで、組織の自主性が高まるのです。

ブランドガイドラインをつくることで自由度が減るのではないか、と誤解されることもあるのですが、実は逆で、優れたブランドガイドラインは、組織の自主性を拡張することもできるのです。

メンバーが自主的に新しいアイデアを考えられるようになると、ブランドの力はどんどん大きくなっていきます。ルールを明確にしないまま、トップが細かいことまで口出ししていると、メンバーはトップの意見に従えばいいという姿勢になりやすいのです。

二つ目に、ブランドの人格が明確になったことです。これまでは明確な指針がなかったため、人によってブランドの解釈にズレがありましたが、今回のリブランディングを通じてフジミの人格が一つに集約され、ブランドの思想と世界観に一貫性が生まれました。ブランドを育てていく、土壌ができたのです。

現在も、様々なツールの制作が進行していますが、あらゆるツールが一貫した人格のもとで開発されています。

今後も引き続き、ブランドを全員で育てていく必要があります。プロジェクトはこれで終わりではありません。

フジミが今後、より多くの人に愛されるブランドに成長するよう、私も伴走を続けていきたいと思います。

# 2 地域のブランディングデザイン

## ブランディングで街に活気を取り戻す

二つ目に紹介するのは、2017年から取り組んだ、新潟県糸魚川《いといがわ》市のブランディングの事例です。糸魚川市は新潟県最西端の、長野県と富山県境に位置しています。糸魚川市では、2016年12月に「糸魚川市駅北大火」と呼ばれる大規模な火災があり、糸魚川駅北側から日本海沿岸まで、広い範囲が被害を受けていました。いただいたオリエンは、「この火事から復興し、街に活気を取り戻したい」という切実な内容でした。

### STEP1 分析する
……「石の種類が日本一」という独自性

ブランドデザインサイクルの、STEP1にあたる部分からプロジェクトを開始しました。このプロジェクトでは、糸魚川市役所の皆さん、クリエイティブディレクター、ビジネスプロデューサー、コピーライター、アートディレクターとして私が加わり、プロジェクトチームが編成されました。

まずは糸魚川市についての資料をいただき、資料を読み込んでいきます。糸魚川市はこれまでにもいろいろな施策に取り組んできたようで、資料の数は膨大でした。

糸魚川市の大きな特徴として、宝石として知られる「ヒスイ」が取れることが挙げられます。ヒスイは薄い緑色をした宝石の一つで、糸魚川市には、縄文時代からヒスイを勾玉《まがたま》などの装飾品に加工して交易をしていた歴史が残っています。

奴奈川姫《ぬなかわひめ》というお姫様の伝説もあることが資料には書かれていました。奴奈川姫は古事記《こじき》や出雲風土記《いずもふどき》などの古代文献に登場する、高志国《こしのくに》（現在の福井県敦賀市から山形県庄内地方の一部に相当する地域）の姫であると言われています。糸魚川駅前や駅の近くの海岸など様々な場所に、ヒスイを手にした奴奈川姫の像が飾られていました。

ヒスイ以外の地質資源も豊富で、糸魚川市の海岸では多様な種類の石を拾うことができ、「石の種類が日本一」だという事実があるそうです。

地質資源が豊富な理由として、フォッサマグナの上に糸魚川市が位置しているということが挙げられます。フォッサマグナとはラテン語で「大きな溝」という意味で、日本海から太平洋まで伸びる一～三億年以上前にできた古い岩石の溝に、二千万年前以降にできた新しい地層がたまった、「地質学的な溝」のことです。

糸魚川市がこのような場所の上に位置していることで、「石の種類が日本一」という独自の特徴につながっていることがわかりました。

また、糸魚川市は、２００９年に認定された「ジオパーク」をＰＲする活動にも、長年取り組んでいました。ジオパークとはユネスコが支援する活動の一つで、「地質・地形から地球の過去を知り、未来を考えて、活動する場所」のことです。

糸魚川市の豊かな地質資源は、世界規模で見ても稀有な存在のようでした。


このように糸魚川市には、魅力的な資産が多数存在していることがわかりましたが、同時に、市外の人へは魅力を上手に伝えることができていないという課題も見えてきました。パンフレットやポスターなど資料はたくさんあり、観光施策として様々な取り組みも行われていたものの、それぞれの施策の言葉や世界観がバラついていて、一つの「らしさ」として整理できていない状況でした。

またもう一つの課題として、市の人口減が判明します。糸魚川市は１９５５年から人口が減り続けており、２０３０年には１９５５年と比較して半分以下になることが予想されています。糸魚川市の近くは金沢、富山、軽井沢など有名観光地も多く、観光客はそちらへ流れてしまっているようでした。

糸魚川市の魅力を可視化し、市外の人へ知ってもらう施策が必要でした。

街の様子を詳しく知るために、チームで糸魚川市を訪問しました。場所が重要な要素になるプロジェクトでは、フィールドワークを実施して、その場所の雰囲気を肌で感じることはとても大切です。街の雰囲気に合ったデザインでなければ、街の人に「好き」になってもらうことはできませんし、街の人に愛されないブランディングは、続けることはできないからです。

クリエイティブメンバーは、市役所の皆さんと一緒に、街の主要な場所を巡りました。巡った場所は、糸魚川市の観光地や、市の運営するミュージアムです。最初に訪れたのは、「ヒスイ海岸」と呼ばれる海岸で、海辺には砂利や砂ではなく、丸い石ころがたくさん転がっていました。角が削られ丸い形をした、多様な模様や色の小さな石。運がよければ、ヒスイが見つかることもあるそうです。

都会では、こんなにたくさんの石を見る機会がなく、自然の模様や色の美しさに感動し、私もお気に入りの石を見つける作業に没頭してしまいました。海岸には観光客の姿も見かけられ、みんな夢中で石を拾っているようでした。

石について調べたり聞いたりして得られる情報と、実際に自分の手足を動かして得られる実感には違いがあり、改めてフィールドワークの重要性を感じた体験になりました。

その後、「フォッサマグナミュージアム」という、市が運営しているミュージアムも訪ねました。フォッサマグナミュージアムは、糸魚川市にある石の博物館で、地質や鉱物についての学びを深められる場所になっています。

ミュージアムの中には、市民から寄贈されたヒスイを展示するコーナーがあり、大量のヒスイが展示されていて、市民の皆さんにとって、ヒスイは大切な資産になっていることが感じられました。

フィールドワークの中では、街の皆さんへのインタビューも実施し、商工会議所の方、日本糸魚川翡翠協会の方、地元のお菓子屋さんや、酒蔵の方など、地元の皆さんの声を聞くことで、リアルな糸魚川市の姿を探っていきました。

フィールドワークの中で、二つの気づきがありました。

一つ目は、「石のまち」という言葉が、市民の皆さんから出てきたこと。「この街は、石のまち」という言葉は、インタビューの中で数名の方から出てきたキーワードです。糸魚川市の皆さんにとって、ヒスイを含め、石はとても大切な存在なのだと感じられる言葉でした。

二つ目は、若い世代からすると、ヒスイが古臭く見えてしまっていることです。市内の至るところでヒスイのお土産を見かけましたが、加工品として勾玉や数珠などに使われていることが多く、高齢者に向けた商品に見えていることがわかりました。

ヒスイ自体は、とても美しい宝石なのですが、加工品のイメージで石自体の魅力が伝わっていないのは、とてももったいないことだと感じました。

リサーチの結果や得られた気づきをチームで共有し、プロジェクトのゴールを「糸魚川市の認知を上げ、街に活気をつくること」に設定しました。ターゲットとなるのは、市外の人たちです。

それでは、どのように伝えれば、糸魚川市の魅力を市外の人たちへ届けることができるのでしょうか。

## STEP2 コンセプトをつくる

### ……石のまち糸魚川

ここまでの情報をコンセプトワークシートに整理すると次のようになります。

ビジョン、強み、ターゲット、問題は、それぞれ次のようにまとめました。

- ビジョン……糸魚川市の認知を上げ、街に活気をつくる
- 強み……石の種類が日本一
- ターゲット……市外の人
- 問題……認知の低さ、イメージに一貫性がない

〈糸魚川市のコンセプトワークシート〉

## コンセプトワークシート

| ブランドについて | |
|---|---|
| ビジョン | 強み |
| 糸魚川市の認知を上げ、<br>街に活気をつくる | 石の種類が日本一 |

| ターゲットについて | |
|---|---|
| ターゲット | 問題 |
| 市外の人 | 認知の低さ、<br>イメージに一貫性がない |

▼

| ブランドコンセプト |
|---|
| 石のまち糸魚川 |

| 商品・サービス | 提供価値 |
|---|---|
| 石をモチーフにしたお土産<br>石を使った加工品<br>石のワークショップetc. | 自然の中での体験から<br>得られる学びや癒し |

この四つをつなぐブランドコンセプトとして、「石のまち糸魚川」という言葉が浮かんできました。これは、インタビューの中で、街の皆さんから出てきた言葉です。

ヒスイをテーマにしたブランドコンセプトもチームで検討したのですが、次の二つの理由から、「石」を立てたほうがよいのではということになりました。

一つ目は、ヒスイ自体に古臭いイメージがついてしまっていること。ヒスイは勾玉や数珠などのイメージと強く結びつけられていて、これを払拭するのは簡単ではなさそうでした。このイメージを払拭することに労力を使うのではなく、ヒスイを含む多種多様な石をコンセプトに設定し、その多様性を活かすほうが、新しく感じられるのでは、と考えました。

二つ目は、ヒスイは宝石なので、「高価なもの」というイメージがつきまとうこと。これまでも、糸魚川市はヒスイをアピールするための施策を実施していましたが、その結果、ヒスイを求めて訪れる人々が海岸に増加し、街の資産を個人が持ち帰るという問題が浮上していました。

また、ヒスイは希少なもので、個人が簡単に見つけられるものではないため、ヒスイを目的に海岸を訪れた人々が、がっかりした気持ちとともに旅を終えることは、ブランドとしてよい体験とは言えませんでした。

宝石ではない普通の石にもそれぞれの個性があり、美しさがあります。たとえヒスイが見つからなくても、自然の美しさに、日々の忙しさを忘れて向き合う時間は、大人にとっても子どもにとっても、豊かな体験になるのではないかと考えました。

これらの理由を踏まえ、「石のまち糸魚川」をブランドコンセプトに据えることになりました。「石の種類が日本一」という独自性は、他の地域には簡単に真似することはできませんし、もともと市の皆さんが自分たちの街は「石のまち」だと感じている点からも、このコンセプトが糸魚川市に適しているのではないかと思いました。

全く新しい耳馴染みのない言葉ではなく、市の皆さんにとって、親近感と納得感のある言葉のほうが愛されるものになるのではないか、と感じたのです。

地域のプロジェクトの場合、その地域の皆さんが、ブランドコンセプトに共感し、このプロジェクトを育てたいと思えなければ、プロジェクトは失敗です。「石のまち糸魚川」というブランドコンセプトは、この点から見ても優れているのではないかと考えました。

このブランドコンセプトを設定すると、「石のまち」として石をモチーフにしたお土産の開発や、子ども向けの石を使ったワークショップなども実施できるので、広がりのある展開が期待できそうでした。

設定した、「石のまち糸魚川」というブランドコンセプトは、本当に糸魚川市の皆さんに受け入れてもらえるものになっているのか、仮説を検証するために、このタイミングで市民の皆さんとワークショップを実施しました。

ブランディングデザインで、ワークショップを実施する場合は、大きく二つのパターンがあります。一つ目は、資産を棚卸しする目的で、大勢からアイデアを集め、可能性を広げるために行うケース。二つ目は、仮説を立てたうえで、その仮説を検証することを目的にする場合で、こちらは仮説に対する意見を募り、可能性を絞るために行うケースです。

今回のプロジェクトにおけるワークショップの役割は後者のパターンでした。

ワークショップには、市役所の皆さんとクリエイティブチームの他に、市民の皆さんにも参加していただきました。参加者の中には、商工会議所の方や、市内でお店を営む方など、男女を含めた20名ほどの方々に集まっていただきました。

ワークショップでは、「石のまち糸魚川」のブランドコンセプトや、施策のイメージを共有したうえで、市民の皆さんと意見交換をしました。

石をテーマにしたいろいろなアイデアが飛び交い、概ね好評でしたが、一部の方からは「本当に石が資産になるのか」「身近に転がっている石をアピールしても、利益につながらないのでは」という疑問の声も挙がりました。糸魚川市の皆さんにとっては、石はあまりに身近な存在で、独自の個性だと感じられなかったのだと思います。ですが、私たちクリエイティブチームは、糸魚川市の多様な石は、他の場所に真似できない、独自の魅力だと確信していました。

長時間にわたる議論の末、「石のまち糸魚川」を正式にブランドコンセプトに設定することが決定されました。また、このプロジェクトのネーミングは、ブランドコンセプトをそのまま使用し、「石のまち糸魚川」と呼ぶことになりました。

ブランドコンセプトが確定した後、コピーライターとステートメントを開発しました。ステートメントには、ヒスイや奴奈川姫、ジオパークなど、糸魚川市の魅力を詰め込みました。石を主役に据えたうえで、これまでの資産を整理することで、伝えたいことが非常に明快になりました。

あなただけの石を探しに

糸魚川を彩るさまざまな石たち。
そこには数々の物語が潜んでいます。
ヒスイをめぐる奴《ぬ》奈《な》川《かわ》姫《ひめ》の伝説。

地球の歴史が生み出したジオパーク。
その地質が織りなす文化、
そして豊かな食や温泉。
さて、あなたが出会うのは、どんな石？
たったひとつの物語が今、はじまります。

石のまち糸魚川

## STEP3 カタチをつくる
### ……石やヒスイをモチーフに

ここからは「カタチをつくる」フェーズへ進み、ＶＩを開発していきます。

まずは「石のまち糸魚川」のロゴマークの制作に取り組みました。

ロゴマークのデザインは、複数の案を検証したうえで、最終的に一番シンプルな案に決定しました。

決定したロゴマークは、ヒスイ海岸で見た丸い石がモチーフで、石という漢字と、丸い石の形を組み合わせたデザインです。ロゴマークの色は、石の色からイメージした、グレーに決まりました。「石のまち糸魚川」という言葉が、ロゴマークを通じて印象に残るようにデザインを制作していきました。

〈石のまち糸魚川のロゴマーク〉

石
のまち
糸魚川
ISHI NO MACHI ITOIGAWA

また、ブランドカラーにはヒスイの色を残すことで、ヒスイの存在感が消えてしまわないように心がけました。

石をブランドコンセプトにしたとしても、ヒスイが糸魚川市を象徴する存在であることは変わりありません。

そこで、ブランドカラーには、ヒスイをイメージする薄い緑色を設定しました。

今回のような地域のブランディングにおいては、市内の皆さんと協力し、ブランドを共同で築いていく必要があります。

イベントの告知や、商店街の装飾に使用するなど、街を盛り上げるための活動に使っていただくために、ブランドガイドラインやロゴマークは、市内の皆さんへ配布することを予定していました。デザインへの知識がない方にも活用してもらえるように、ブランドガイドラインはわかりやすくシンプルに制作しました。

その後、クリエイティブチームは、ブランドガイドラインをベースに、糸魚川市の観光地をまとめたリーフレットや、ショッピングバッグ、ポスターなど、市民の皆さんが活用できるツールを制作していきました。

## STEP4 伝える
### ……石のかおをつくろう

このプロジェクトでは、ブランドの思想と世界観を規定するだけではなく、認知を上げるための施策が必要です。そこで、具体的な施策として「石のかおをつくろう」というイベントを企画しました。

これは、糸魚川市の多様な石を使って、顔をつくるワークショップです。石をじっくり観察することで、石の魅力に気づいてもらうきっかけをつくることが目的でした。

見本の制作は、アーティストのtupera《ツペラ》 tupera《ツペラ》にお願いしました。

ツペラツペラは、亀山 達矢さんと中川 敦子さんによるアートユニット。絵本作家としても大活躍されていて、『かおノート』（コクヨ株式会社）、『やさいさん』（学研プラス）などの絵本を通じてご存知の方も多いかもしれません。このプロジェクトの企画をしていた時に、たまたまお二人が「tupera tuperaのかおてん」という展覧会を東京で開催されていて、展示作品の中に石をモチーフにした「かお」の作品があったことが相談のきっかけでした。

企画の趣旨をお伝えしたところ、快諾していただき、糸魚川市の海岸で拾った石を使って「石のかお」を10種類、つくっていただきました。

完成した石のかおは、私たちの期待をはるかに超え、ユニークで個性的なものに仕上がりました。多様な糸魚川市の石の魅力が感じられるだけではなく、それぞれの石のかおが、今にも話し出しそうな魅力を持っていて、プロジェクトチーム一同、完成した石のかおを見て感激しました。

さらに、それぞれの石のかおに、コピーライターがチャーミングなプロフィールを設定していきました。ヒスイのアクセサリーを身につけた「小滝川みどり」[1]や、地球の割れ目から誕生した「フォッサ・マグナ大王」など、プロフィールを読むことで、糸魚川市の観光地や、特徴を知ることができるようになっています。また、石のかおづくりを、子どもたちが説明なしでも楽しむことができるように、ミュージックビデオ[2]も制作。

こうして、告知のための素材が揃いました。

**1 参考文献**
Itoigawa UNESCO Global Geopark.〝小滝川ヒスイ峡エリア　ヒスイのふるさと明星山の大岩壁〟
糸魚川市には、小滝川ヒスイ峡と呼ばれる場所があり、日本最初のヒスイ産地です。

**2 ミュージックビデオ**
「石のかおをつくろう」のミュージックビデオは、こちらのリンクで見ることができます。

## 〈石のかおとプロフィール〉

**小滝川みどり**

きらりと光る涙が彼女のトレードマーク。お父さんが小滝川ヒスイ峡で見つけてくれたヒスイのネックレスが宝物。うれしすぎると涙がでちゃう。

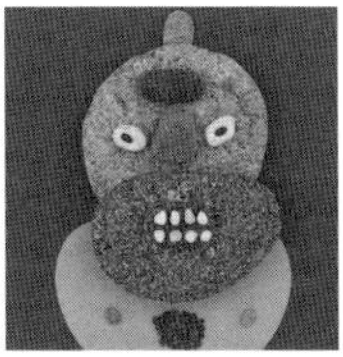

**フォッサ・マグナ大王**

地球のわれ目から誕生した、その名もフォッサ・マグナ大王。からだが熱くて、怒ると口から火をふく。実はとてもやさしい。

**ストーン・ジョーンズ**

おじいさんの代から日本に移住したジョーンズ家の三男。糸魚川の風景を描いて暮らす日々。お気に入りはラベンダービーチ。

**いとちゃん**

糸魚川生まれ、糸魚川育ち。このまま糸魚川で暮らすのが夢。趣味は石ひろい。好きな食べ物は南蛮エビ。最近、好きな人ができた。

**アライナミ**

よく笑ってよく食べて、いつも元気いっぱい波とおどる。その笑い声につられて魚たちもおどりだす。泣くと嵐がくるから気をつけて。

**ジオ・パーク教授**

地球の研究している。特に興味があるのが地層について。こだわりはちょびヒゲ。毎日こまめに形を整えている。

**温田ゆげたろう**

糸魚川の翡翠温泉郷に住み、この温泉街を守り育てている。お肌すべすべ、からだポカポカ。そしてハートはアツイ。

**黒田麺二郎**

三度目の結婚をした麺二郎。キザだけど庶民派。妻と子どもとブラック焼きそばを食べるなにげない休日がいちばんの癒し。

**祭田三郎**

古くから糸魚川に伝わるけんか祭りの大将。親父思いで、長男だけど三郎。けんかするのは祭りだけ、愛が深い。

**丸石丸男**

なにごとも丸くおさめる、すべてを丸ごと受け入れる丸石丸男。人生で怒ったのはただ一度、母に自分のプリンを食べられたときだけ。

これらの素材を使って広告を制作し、全国から石のかおを募集しました。応募期間の2ヶ月の間に、全国からは１３００以上の石のかおが大集合。

糸魚川市のユニークな取り組みは、新聞やテレビなど様々なメディアで取材を受け、70以上のメディアに掲載されました。公式サイトへの訪問者数も昨年と比べて40倍以上になり、石のかおを通じて、「石のまち糸魚川」を知ってもらうきっかけをつくることができたのです。

「石のまち糸魚川」の活動は、広告業界の中でも評価を受け、国内外の広告賞を多数受賞することができました。

糸魚川市の石の魅力は、世界に伝わることを証明することができたのです。

## STEP5 育てる

### ……文化的豊かさと経済の共存を目指す

現在、「石のまち糸魚川」の取り組みは、地元の皆さんを中心に運営されています。学校やミュージアムでは、石のかおをつくるワークショップを定期的に行っており、全国から石のかおを募集するコンテストを定期的に開催しているとのことでした。石拾いのために糸魚川市を訪れる人も増え、海岸が賑わっているというお話もお伺いしました。

ブランドイメージが上がっただけではなく、きちんと集客につながったことが何よりも嬉しい効果です。

石という自然の資産に目を向けることは、子どもたちにとって、机の上では学べない貴重な体験になるはずです。また、大人にとっても、自然とのふれあいは、心の豊かさにつながるものです。

ブランディングデザインを通じて、糸魚川市がもともと持っていた価値を可視化することで、観光客はもちろん、市民も、地元の豊かな資産に気づくきっかけをつくることができました。

また、この取り組みにおいては、それが集客につながり、地元経済を活性化することにもつながりました。つまり、豊かな体験と、利益の共存を実現することができたのです。

ブランディングデザインを通じて私が叶えたいことは、魅力的なブランドをつくり、お客様に豊かな体験を届け、それが利益へとつながること。この循環を育てることで、世の中は豊かになると考えています。

「石のまち糸魚川」の取り組みでは、この循環を築くことができたと思います。

## 3 商品開発を起点にしたブランディングデザイン

### 売上が落ち込んだブランドを救いたい

最後の事例は、「DOLLY WINK《ドーリーウインク》」というアイメイクブランドの事例です。ドーリーウインクは、浅草に本社のある老舗化粧品会社、コージー本舗のブランドで、2009年に誕生しました。つけまつげを中心に、アイライナー、アイシャドウなどのアイメイク商品を販売しているブランドです。

発売当時、カリスマギャルとして様々なヒット商品をプロデュースしていた益若つばささんをプロデューサーに迎え、ドーリーウインクは大ヒットを記録。しかし2012年をピークに売上は低迷し、ご相談を受けた2018年には発売当初の半分以下まで落ち込んでいました。

このような危機的状況を受け、コージー本舗商品開発本部の谷本 憲宣さんから電通にご相談をいただきました。

ブランドを復活させ、今の女性たちに受け入れてもらうにはどうするべきか。ドーリーウインクのリブランディングプロジェクトが始まりました。

## STEP1 分析する
### ……「つけまつげ」にブランドらしさがあった

プロジェクトチームは、コージー本舗の皆さん、ブランドプロデューサーの益若つばささん、クリエイティブディレクター、ストラテジックプランナー、コピーライター、ＰＲプランナー、アートディレクターの私を中心に編成されました。

このプロジェクトのゴールは、売上を上げてブランドを復活させるために、新商品を開発することに置かれました。

まずは、ドーリーウインクの置かれている状況を把握するために、ストラテジックプランナーを中心に分析を実施。

コージー本舗の歴史を辿る中で、コージー本舗はもともと１９４７年に、日本で初めてつけまつげを商品化した企業であるという事実を発見しました。浅草の踊り子さんが自分の髪の毛を切って細工し、つけまつげをつくっていたことが着想のヒントになったそうです。

実際に私も、様々なブランドのつけまつげを試してみたのですが、ドーリーウインクのつけまつげはクオリティが段違いでした。繊細な毛の細さや、カールの角度まで緻密に計算されていて、つけてみても違和感がありません。チームメンバーも、クオリティの高さに感動し、マツエク（まつげエクステ）[3]をやめてつけまつげに変えた人

**3 マツエク（まつげエクステ）**
自分のまつげに人工のまつげを一本ずつ装着する技術のことで、専門のサロンに行って施術をします。毎日取り外す必要がないのが特徴です。一方、つけまつげは、専用の接着剤で完成したまつげを、目の際に装着する美容アイテムで、自分でつけ外しを行います。

もいたほどです。
谷本さんとの議論の中では、「つけまつげはすでに時代遅れだと捉えられている。つけまつげは諦めて、アイライナー[4]を主力商品にしたほうがいいのでは」という意見も出ていたのですが、コージー本舗の歴史と技術力を再認識したことで、つけまつげで勝負しようという方針が決まりました。

ブランドプロデューサーの益若さんへもインタビューを行いました。

ドーリーウインクは、2009年、ギャル文化[5]全盛期に誕生したブランドです。最近は様々なタレントプロデュース商品が増えていますが、ドーリーウインクは著名人がブランドをプロデュースする先駆けのような存在だったそうです。

お話を伺う中で、決して妥協を許さない、益若さんのプロフェッショナルな姿が見えてきました。益若さんはメイクへのこだわりが非常に強く、つけまつげのカールの角度や毛の色、一本一本の毛の長さなど、細かい点まで開発に関わってきたそうです。

私たちが気づかないような細部まで、益若さんのこだわりが行き届いていることがわかりました。

もう一つ、インタビューの中で見えてきたのが、益若さんの「かわいい」という価値観へのこだわりです。

**4 アイライナー**
目元に使う化粧品の一つ。目の輪郭に沿ってまぶたに線を引き、目の印象を強めるためのアイテムです。

**5 ギャル文化**
1990年代から2000年代にかけて、若い女性を中心に「ギャル文化」が流行しました。つけまつ毛を重ね付けした「デカ目メイク」、日焼けサロンで肌を真っ黒に焼き、目元と唇を白く塗った「ガングロ」など様々なブームが生まれました。

「『かわいい』という気持ちは、自分を元気にしてくれる大切な存在。『派手だな』とか『年齢的に落ち着かないと』というような世間の声を気にせずに、好きなものを貫いて楽しく生きたほうが元気でいられる。本当は性別や年齢にとらわれず、誰だってそれぞれの『かわいい』を目指していいはず。そのためのテクニックをコスメで提供したい」というのが、益若さんの想いでした。

「かわいい」を叶えるテクニックを具現化する商品として、つけまつげは象徴的なアイテムです。なぜなら、つけまつげは使用するだけで、顔の印象が大きく変わるアイテムだから。目は顔の印象に影響が大きいパーツの一つです。

つけまつげをつけることで、「甘くてかわいいタレ目」「小動物のようなクリッとした丸目」「キリッとした切れ長の目」など、なりたい目元を叶えることができると、益若さんから教えてもらいました。私はメイクが得意ではないため、どうしても毎日同じメイクになってしまうのですが、つけまつげを上手に使えば、顔の印象を大きく変えることができます。

つけまつげは、なりたい「かわいい」を自由に叶えることができるアイテムなのです。

インタビューと並行して、ストラテジックプランナーが市場の分析を行いました。市場を見てみると、発売を開始した当時の状況と比べて、大きな変化が三つ起きていることがわかりました。

一つ目は、ナチュラルメイクの流行です。発売当時は太いアイラインやホワイトのアイシャドウを使った、派手なギャルメイクが流行っていたため、顔の印象を大きく変えることができるつけまつげが人気でした。

しかし、プロジェクトに取り組んでいた2018年時点では素肌のような透明感や、自然な血色感のあるナチュラルメイクがトレンドとなり、派手なメイクを好む人は少数になっていたのです。

二つ目は、つけまつげ市場の縮小です。ストラテジックプランナーが行った調査によると、流行の変化に伴い、つけまつげ市場自体が、発売当時と比較してとても小さくなっていることが判明しました。

三つ目は、「まつげエクステ」の流行です。

当時マツエクサロンでまつげエクステをつけることがブームとなっていて、つけまつげをやめて、マツエクに変更する人が増えていました。

つけまつげに逆風が吹いている状況ではありましたが、だからこそ競合が見過ごしている商機もありそうです。

ターゲットを丁寧に分析すると、まだつけまつげを使ったことのない「つけまつげノンユーザー」が大きな市場であることがわかりました。

〈つけまつげ市場のターゲット構造図〉

## 市場を拡大するために、ボリュームゾーンである「つけまつげノンユーザー」をターゲットに

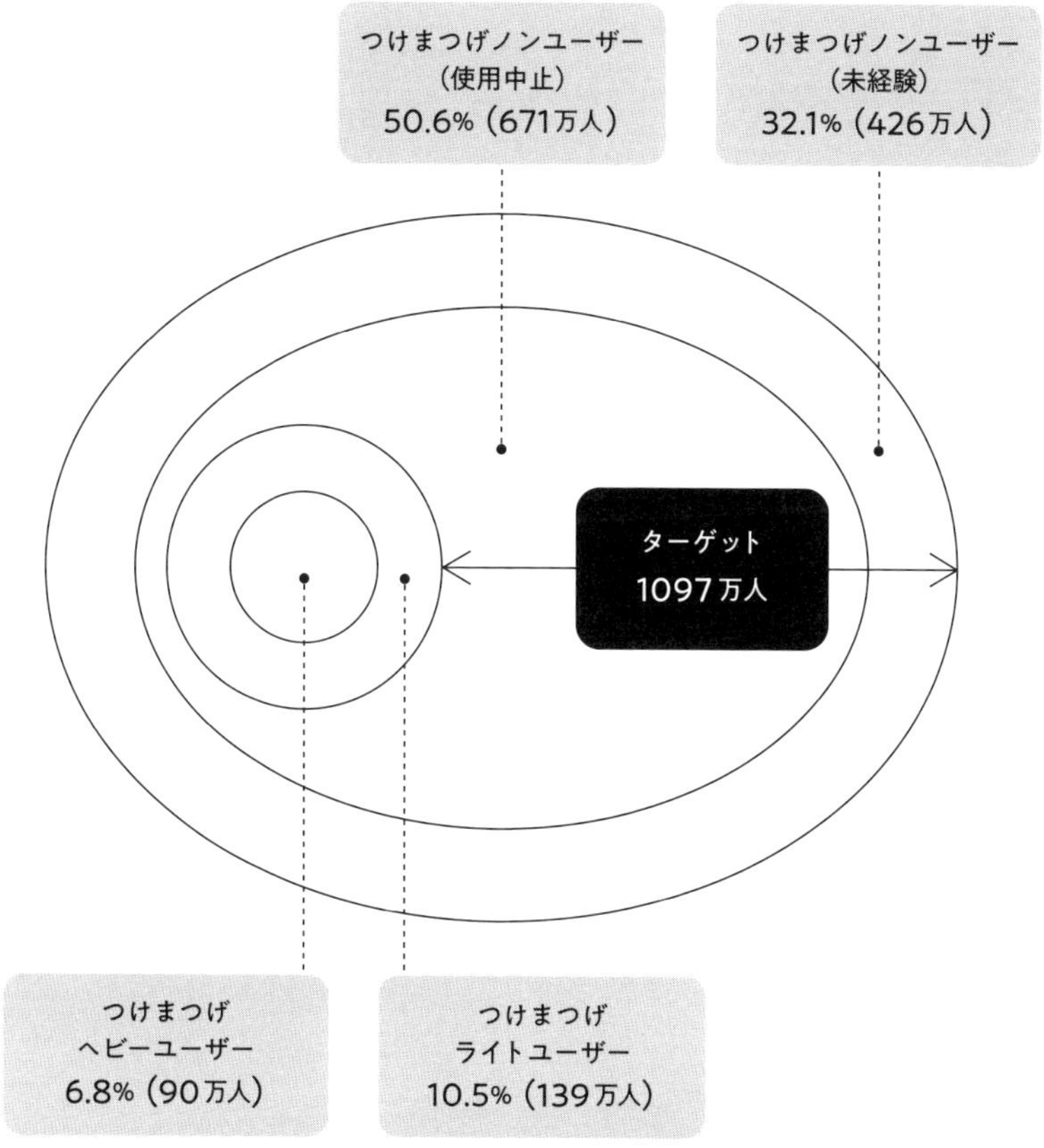


【全体】1,328万人（100%）
※出典データ①：総務省統計局人口推計　平成30年9月確定値　20～39歳女性
※出典データ②：グループインタビュー事前スクリーニング調査
　n=913　首都圏20～39歳女性・有職者
　（パートアルバイト、自営、専業主婦、学生除く）
　2018年2月8日～10日実施

チームの20代のメンバーの意見を聞くと、昔のトレンドを知らない若い世代には、「その日の気分に合わせて目元を変えることができるつけまつげは、新しい美容アイテムだと感じる」という声も挙がりました。

30、40代のメンバーにとっては、懐かしいアイテムになりつつあったつけまつげですが、20代にとっては、聞いたことのない新しい美容アイテムに見える可能性があったのです。

## STEP2 コンセプトをつくる
### ……「かわいい」を叶えるスペシャルテクニック

具体的な商品をつくる前に、まずはブランドコンセプトを固めていきました。

ここまでの情報をコンセプトワークシートに整理すると次のようになります。

ビジョン、強み、ターゲット、問題は、それぞれ次のようにまとめました。

- ビジョン……それぞれの「かわいい」を誰もが叶えられるようにする
- 強み……つけまつげの技術力
- ターゲット……自分の「かわいい」を叶えたいすべての人
- 問題……つけまつげが時代遅れに見えている

この四つを受けて、ブランドコンセプトは『かわいい』を叶えるスペシャルテクニック」に設定しました。「かわいい」を自宅で簡単に叶えるための商品を提供するブランドになることを規定したのです。

このタイミングで、ドーリーウインクというブランド名を変えるかどうかもチームで議論しました。しかし、益若さんにとって、この名前がとても大事なものであるということが、議論の中で見えてきました。益若さんはこのブランドをつくった時、お人形のようなかわいさに憧れていたそうです。

ドーリーウインクのDOLLYとは「お人形のような」という意味で、益若さんの考える「かわいい」という価値観を表現したネーミングだったのです。また、ウインクという言葉は、アイメイクに特化したブランドであることがとてもわかりやすい言葉です。

「『かわいい』という価値観をお人形のようなかわいらしさだけに限定するのはよくないのでは」「今の時代に合わせて、多様性を感じるネーミングはどうだろう」という声も挙がりましたが、ブランドの中心となる益若さんの想いが最も大切ではないか、というチームの判断で、ネーミングはこのまま残すことになりました。

また発売当時の10年前、ドーリーウインクは大ヒットを記録していたため、益若さ

〈DOLLY WINKのコンセプトワークシート〉

## コンセプトワークシート

| ブランドについて | |
|---|---|
| ビジョン | 強み |
| それぞれの「かわいい」を<br>誰もが叶えられるようにする | つけまつげの技術力 |

| ターゲットについて | |
|---|---|
| ターゲット | 問題 |
| 自分の「かわいい」を<br>叶えたいすべての人 | つけまつげが<br>時代遅れに見えている |

▼

| ブランドコンセプト |
|---|
| 「かわいい」を叶えるスペシャルテクニック |

| 商品・サービス | 提供価値 |
|---|---|
| 初心者向けつけまつげ<br>（誰でもかわいくなれる・<br>驚きのあるスペシャルテクニックを<br>具現化する商品） | 「かわいい」を<br>自宅で簡単に叶える技術 |

んと同世代の30代の女性たちには、ブランド名の認知が高いことも理由として挙がりました。

ここまでのプロセスを経て、ステートメントをコピーライターが中心となって開発。

こうして、ブランドの想いを詰め込んだステートメントが完成したのです。

かわいい、をすべての人に。

誰だって、かわいくなれる。
そう信じているＤＯＬＬＹ　ＷＩＮＫの使命は、
メイクを通してあなたの願いを叶えること。
世の中をあっと驚かせるアイデアと独自の技術力で、
あなたを新しい世界へと誘います。

ＤＯＬＬＹ　ＷＩＮＫ

## STEP3 カタチをつくる
### ……「かわいい」を可視化する

ドーリーウインクのように、店頭がお客様との大切な接点になるブランドの場合、店頭での存在感をつくるために、ぱっと見て印象に残り、ブランドを覚えてもらえるような、大胆なロゴマークが必要だと考えました。

複数の案を検討し、チームの意見も取り入れながらブラッシュアップした結果、ドーリーウインクの頭文字であるアルファベットのDと、まつげを組み合わせたデザインに決定しました。アイメイクブランドだと一目で伝わるデザインが完成しました。

また、ブランドカラーとして設定したのは薄いピンクです。薄いピンクは、女性向け商品ではよく使われる色なので、差別化を考えると他の色のほうがいいかもしれないと考えましたが、益若さんと打ち合わせを重ねる中で、ピンクはドーリーウインクの象徴となる色で、とても大事な存在だとわかりました。また、客観的に見ても「かわいい」というイメージに最も近い色でもあると思いました。

新しくブランドをつくるのではなく、ブランドをリニューアルする場合は、守るべき部分と、変えていく部分を冷静に判断していくこともデザイナーの大事な役割です。ドーリーウインクの既存のファンが「ブランドが自分たちのものではなくなった」

〈DOLLY WINKのロゴマーク〉

DOLLY WINK

と感じてしまうことは避けなければいけません。

既存のファンと、新しいお客様、どちらにも受け入れられるようなデザインが必要なのです。この時に、すべてを新しく変えてしまうのではなく、これまでの資産をチューニングしながら、新しいデザインを開発していくことが必要になります。

このプロジェクトでは、ブランディングの作業と並行して、新商品の開発にも取り組んでいました。リブランディング後のドーリーウインクを体現する、初心者向けつけまつげの開発です。チームでは、競合を含めた様々なつけまつげを試し、評価をしたうえで、改良したほうがいいポイントを共有していきました。その中で、つけまつげ初心者のメンバーから次のような声が挙がりました。「つけるのが初心者には難しい」「自分のまつげと馴染ませるのが難しい」といった、初心者ならではの声です。ターゲットが実際に試したことで、初めて得られる気づきでした。プロジェクトチームの中にターゲットとなる人がいると、リアルな声を随時聞くことができるので、貴重な意見を拾えることがよくあります。

この意見を受けて、つけまつげ初心者が簡単に装着できるように、改良した新商品を開発することになりました。ここから、コージー本舗 商品開発部の武田《たけだ》 保奈実《ほなみ》さんを中心に、試作品の開発が始まりました。

初心者に向けて新商品を開発するにあたり、パッケージデザインの担う役割も重要です。ドーリーウインクは、プラザやロフトなどのバラエティショップやドラッグストアで主に販売されているブランドです。

これらのお店は、ブランドごとではなく、アイシャドウ、ネイル、ヘアケアといった、商品カテゴリーごとに売り場がつくられていることが多いのですが、つけまつげ売り場に置かれることを避けたいというチームの狙いがありました。

なぜなら、つけまつげ初心者は普段、この売り場に立ち寄らないからです。それでは、新たなお客様に知ってもらうきっかけをつくることができません。

今回の新商品では、これまでのつけまつげのイメージを覆す、新しい美容アイテムに見えるパッケージデザインを開発し、お客様だけでなく商品の配置の決定権を握るお店にも、新しいカテゴリーの商品だと捉えてもらうことが必要でした。

チームとディスカッションし、たくさんの案をつくったうえで、候補は四案に絞られました。

ドーリーウインクのプロジェクトでは、この段階でターゲットへインタビューを行いました。ここまでの仮説が本当に正しいのかを検証するためです。

ブランディングデザインにおいて、ターゲットインタビューを実施するパターンは、大きく二つのパターンに分けることができます。一つ目は、リサーチのフェーズで、リアルなターゲットを知り、どのようなニーズがあるのかを探るために実施するケース。二つ目は、仮説を立てたうえで、仮説を検証するために実施するケースです。もしこのタイミングで商品の試作品ができていれば、感想を聞く場合もあります。

ブランドデザインサイクルではターゲットインタビューを「分析する」プロセスに入れていますが、このように仮説を検証するために実施しても構いませんし、複数回実施してもよいでしょう。

ただ、ターゲットインタビューには手間もお金もかかるため、目的に応じて、どこに挟むのが最も効果的かを判断する必要があります。

このプロジェクトでは、ストラテジックプランナーの判断で、インタビューをこのタイミングに挟み、仮説を検証することになりました。

インタビューは、複数人のターゲットでグループをつくり、案を見せて意見を聞くグループインタビューの形式を採用しました。

インタビューの進行にはプロのモデレーターを起用し、極力ターゲットの素直な意見を拾うことができる体制を取りました。グループでインタビューを実施する際には、グループの中の意見が強い人に引っ張られて正しい意見が集められないこともあるため、精度を求める場合は、体制にも工夫をする必要があるのです。

インタビューは、リアルな場所に全員で集まって実施する場合もありますし、日本全国の声を集めたい場合は、オンラインでインタビューを実施し、ターゲットが住む地域を分散させる場合もあります。

今回のプロジェクトでは、グループの皆さんに集まっていただき、クリエイティブチームもその場の雰囲気が摑める状態でインタビューを行いました。

インタビューでは、ターゲットとなる皆さんの日々の生活やどのように美容情報を調べているのかといった基本的な情報だけではなく、ここまでに検証したブランドのステートメント、パッケージデザイン、商品名などの具体的な案を見ていただき意見を聞いていきました。

パッケージデザインは、「とても試してみたい」「やや試してみたい」「どちらでもない」「あまり試したくない」「全く試したくない」の五段階で、点数を割り振り評価しました。

この時、一番点数を集めたパッケージデザインの案は、実は最終的に決まったものと違うパッケージデザインでした。人気が出た案は、全員がそこそこ好きな案。一方で最終的に決まった案は、「好きだ」という人と「嫌いだ」という人が極端に分かれた案でした。

この反応をどう捉えるかチームで議論し、「そこそこ好き、では人は動かない。嫌いな人もいるけど、強烈に好きだと思ってもらえるもののほうがいいのではないか」という判断をしました。

多数決でクリエイティブの判断をすると、平均的な案に点数が集まることはよくありますが、この方法では強い「好き」をつくることができない場合がよくあります。

このプロジェクトでは、強い「好き」はブランドに必要なものだ、という認識を揃えることができ、平均的なデザイン案に流されることを避けることができました。

調査の結果を受けて、商品名は「ＥＡＳＹ《イージー》　ＬＡＳＨ《ラッシュ》」という案に決定しました。「簡単に装着できるつけまつげ」だということがわかりやすいネーミングです。パッケージデザインは、多様なイメージの女性を描いた案に決定しました。パッケージデザインを開発する時に意図したことは次のように整理できます。
戦略をデザインで可視化することを強く意識したデザインになりました。

パッケージデザインのポイント

〈1〉従来のつけまつげに見えないデザイン

従来のつけまつげは、透明のプラスチックのケースに入っていて、中身（つけまつげ）を見せる形が主流でした。これらと同じように見えてしまうと、新しい美容アイテムには見えないため、あえて中身を見せないデザインを採用しました。

〈2〉微妙なつけまつげの違いを、パッケージデザインの違いで伝える

初心者にとって、つけまつげ自体を見て、仕上がりを想像することは困難でした。そこで、パッケージデザインから、仕上がりの違いを想像できるようなものにしたいと考えました。カラフルな色と、異なる女性像をパッケージにデザインすることで、仕上がりのイメージが想像できるものを目指しました。

〈3〉極力小さいサイズに

開発当時、女性のバッグは小さいものがトレンドでしたが、つけまつげのパッケージデザインは大きいものが主流でした。パッケージデザインが大きいと、小さなバッ

グに入れて持ち歩いてもらうことができないため、お菓子のように手軽に持ち歩ける、極力小さいサイズを目指しました。

商品のラインナップは16種類を用意することになりました。一人一人が目指す、多様な「かわいい」に対応するためです。実際のパッケージデザインを制作するにあたり、イラストレーションはイラストレーターの土谷 尚武さんに描き下ろしていただきました。

女性のイラストは、今回のデザインのポイントなので、インパクトがあり、店頭で目立つものを目指す必要があります。

土谷さんには、異なるファッションに身を包んだ16人の女性のイラストを依頼しました。「かわいい」と一口に言っても、目指す「かわいい」は人それぞれ。「お人形のようなかわいさ」を求める人もいれば、「オフィスでも違和感がないナチュラルなかわいさ」を求める人もいますし、「スポーティでユニセックスなかわいい」を求める人もいます。

つけまつげの仕上がりイメージに合わせて、16種類の「かわいい」を描き分けてもらいました。

この頃、武田さんが開発を進めていた、試作品も完成しました。大量のつけまつげを、

〈EASY LASHのパッケージデザイン〉

益若さんやチームメンバーで実際に装着し、修正したいポイントをまとめていきました。カールの角度や毛の色、毛の長さ、軸の柔らかさ、のりの形状などなど……。

度重なるブラッシュアップの末、16種類の自信作が完成したのです。

こうして、ドーリーウインクの新商品、EASY LASHは完成しました。

## STEP4 伝える
### ……「10秒マツエク[6]」というキャッチコピー

新商品、EASY LASHの魅力をお客様に伝えるために、広告も同じチームで担当しました。どんなに素晴らしい商品ができても、知ってもらうことができなければ始まりません。お客様が新商品の魅力に気づき、自然と知ってもらう状況をつくることができると理想ですが、このプロジェクトでは短期間での成果が必要だったため、発売後に広告を実施することになりました。

広告を企画する際にチームが重視したのは、商品のキャッチコピー。

キャッチコピーとは、商品やサービスの魅力を短い言葉で表現したものです。ステートメントは、ブランドを深く知ってもらう目的で開発するのに対して、キャッチコピーは興味のきっかけをつくるために開発するものです。

キャッチコピーを開発するために、チームではたくさんの案を考え議論を重ねまし

6 **10秒マツエク**
新・部分用つけまつげのこと。

た。「たった10秒カンタン」「アクセサリー感覚」「植えるまつげ」など、様々な切り口の案が候補に挙がりましたが、チームでの議論の過程で、「簡単なことが伝わる」「仕上がりが美しいことがわかる」「言葉は極力短く」と、大切にしたいポイントが絞られてきました。

これらを受けて決まったのが、「10秒マツエク」というキャッチコピーです。10秒でつけられるほど簡単で、マツエク（まつげエクステ）のように美しい仕上がりになるということをコンパクトに伝えています。

このプロジェクトの場合は、ＳＮＳ広告が中心となっていたため、極力短い言葉にすることでハッシュタグを使って拡散してもらいたいという狙いもありました。

このキャッチコピーを広告のメインに据えて、ポスターや、チラシ、ＳＮＳ広告などを開発していきました。キービジュアルは、パッケージにも使用している、女性のイラストレーションを大胆に使用しました。「これ、なんだろう？」と、目を引く広告が出来上がりました。

これらの準備を終える頃には、プロジェクト開始から約一年が経過していました。万全の準備の末、ドーリーウインクのリブランディングと新商品の情報を発表したのは２０１９年11月のことです。

発売時には、ＰＲ施策として、リリースイベントも実施しました。イベントには、雑誌などのメディアや、有名インフルエンサーが集合し、ブランドプロデューサーの益若さんには、イベントへ登壇し新商品への熱い想いを語っていただきました。

参加していただいたメディアやインフルエンサーの投稿で、イージーラッシュの情報はあっという間に拡散されていきました。

この後の広がりは、プロジェクトチームの想像を超えたものになります。「10秒マツエク」のキーワードで、美容好きの間で話題になり、つけまつげを知らない若い世代には新しい美容アイテムとして受け入れてもらうことができました。

発売後1ヶ月で30万個の売上を記録し、ベストコスメアワードを受賞したり、その年のトレンド商品として雑誌に取り上げられたりするなど、大ヒット商品に躍り出ました。この影響を受けて、メディアでは「つけまつげが再ブーム」といった特集も組まれるようになりました。「つけまつげは時代遅れだ」という空気を、ドーリーウインクが覆すことに成功したのです。

## STEP5 育てる

### ……変わらない価値を届けるために変化し続ける

コージー本舗の皆さんと益若さんと一緒に、その後もプロジェクトは継続しています。最初のつけまつげの発売後も、マスカラ、アイライナーなど新しい商品を次々発売。私たちは商品開発と広告制作に引き続き携わっています。ドーリーウインクはアメリカや中国など海外へも展開され、日本国内だけでなく、世界で愛されるブランドに成長しました。

ドーリーウインクの中心は、ブランドプロデューサーの益若さんです。益若さんの届けたい「かわいい」を可視化するために、チームは日々奮闘しています。ブランディングでは、トップのビジョンが大切だと繰り返し述べてきましたが、ドーリーウインクのトップは益若さんです。彼女の想いを可視化し、わかりやすく世の中に届けることが私の役割だと思って取り組んでいます。

これからもドーリーウインクは、「かわいい」という価値観や益若さんのビジョンとともに変化していくと思いますが、それこそがブランディングだと思います。

変わらない価値を届けるために、ブランドは変化し続けることが必要なのです。

また、このプロジェクトでは、コージー本舗の皆さんと二人三脚で取り組むことができているということが成功の要因になっていると思います。商品開発の際には、毎回たくさんの試作品を検証し、私たちの無理なお願いを高い技術力で実現してくださっています。クリエイティブチームのメンバーも、その熱量に応えるため、全員が熱い想いを持って取り組んでいます。

ドーリーウインクが今後もたくさんの人に「かわいい」を通じて元気を届けていけ

るように、私もデザインを通じてサポートを続けていきたいと思います。

## 4 デザインでよりよい未来をつくる

本章の最後に、あらゆるプロジェクトにおいて、私が個人的に大切にしていることを書きたいと思います。そもそも、私がブランディングに関わるようになったきっかけは、自分の人生の大半をかけて取り組んでいる仕事だからこそ、本質的に意味があり、長く残る価値をつくりたいと思ったからです。

ブランディングの仕事を通して、デザインは表面を美しく変えるだけではなく、人の想いや願いを可視化することができるのだ、ということを体感するようになりました。一つ一つの制作物は消えていったとしても、この本質的な価値は、消えずに積み重なっていくものだと思います。また、長く残る価値をつくることに関わるようになったからには、社会に対する責任を背負っているとも感じるようになりました。

経営や商品開発に関わることは、少なからず社会に影響を与える行為です。**自分の仕事の集積は、未来をよりよくするものでなければならない**と考えています。

このような想いから、個々の仕事の目標とは別に、次の三つの基準を自分の中に設定しています。

### ①美しいか

「美しい」という価値は抽象度が高く、それぞれの心の中にしか基準がない指標だと思います。だからこそAIなどの技術が一般化されている現代に、必要な感覚だと考えています。市販のサービスやストックフォトなどを使って、簡単にデザインをつくることができる時代になりました。

でも、**本当に人の心を動かす美しさとは、簡単に量産できるものではない**と考えています。デザイナーをはじめ、クリエイターが生み出すその価値は、AIなどのテクノロジーが発展・普及することで、他が均質化すればするほど際立つはずです。

写真やタイポグラフィー、イラストレーションなど、デザインに関わる様々な専門領域には、歴史を経てよいとされてきた価値観があり、職人的な技術が詰まっています。

美しさに答えはありませんが、人間の歴史の中で美しいと言われてきたものを知り、見る目を養い、美しさの基準を更新し続けることが必要だと思っています。

### ②利益につながるか

「売上だけを指標にしない」と本書では述べているため、矛盾するようではありますが、私はデザインが企業の売上、最終的には利益になるかを重要視しています。デザインは企業にとって投資です。「美しいものができたから満足だ」という考え方では、社内外のステークホルダーに理解してもらうことは難しいでしょう。デザインに投資したことで、ファンが増え、ブランド価値が上がれば、誰もが納得できるはずです。

ブランドが大きくなれば、社員の皆さんの給料も上がりますし、デザイナーの給料も上がります。デザインへの投資が利益につながることがわかれば、企業はデザインを活用するようになり、結果的に世の中は豊かになると思っています。

デザインが単なる装飾ではなく、意味ある投資になるよう、**経営戦略として機能するデザイン**を目指しています。

### ③未来をよりよくできるか

「このブランドは未来をよりよくできるか」という**倫理感を持つ**ことも、大切にしています。デザインには、ものをよく見せる効果があります。裏返すと、よくないものも、よく見せてしまう可能性があるということです。仕事に取り組んでいると、利益を追求するために、環境負荷の高い素材が選択肢に上がることがあります。また、お客様の恐怖を煽ることで商品を売ろうとする表現を見かけることもあります。

このような状況に陥りそうな時は、できる限り指摘をするように心がけています。長い目で見れば、ブランドにとっても倫理感はブランド価値につながると思いますし、そもそも私自身が倫理観のないブランドに関わるのは嫌だからです。そのようにチームの誰かが感じている場合、どこかで破綻がくるように思います。

私自身もまだまだ試行錯誤を続けており、すべてを達成できているわけではありませんが、これらの基準は心の中にいつもあります。そしてこれらの基準は、ブランドにとっても大切だとも思っています。

ブランドとお客様との間によい関係を築くためには、複雑なプロセスと時間が必要です。だからこそ、長い時間をかけて、ゆっくりと、誠実に築かれた関係は簡単には切れない、強いものになるはずです。

モノが飽和しているからこそ、人は本当に美しいもの、価値があると思えるもの、長く大切にしたいと思えるものを求めています。

これからの時代に愛されるブランドになるためには、モノを届けるだけではなく、**価値のある豊かな体験**を届けていく必要があります。そのためには、ブランドに関わる人たちも信念を持ち、運営していく必要があります。

デザインはブランドにとってその助けとなるはずです。日本のビジネスパーソンと、デザイナーの距離が近くなり、よりよい未来を一緒につくるパートナーとなれることを願っています。

日本から一つでも多くの、愛されるブランドが生まれますように。

# おわりに

この本を書こうと思ったのは、当時、直属の上司だった池田一彦さんから、「本を書いてみたら」と言われたことがきっかけでした。２０２０年のことです。

当時、私は二つの問題意識を抱えていました。

一つ目は、「デザインとビジネスの分断」という問題です。時代の流れを受け、広告だけでものを売るのではなく、広告をつくる前の本質的な価値をつくる必要があると感じていました。

本質的な価値をつくるために、ブランディングデザインは有効な手段だと感じていましたが、デザインとビジネスには分断があり、論理的にデザインを伝えることの必要性を強く感じていました。

二つ目は「言葉の定義やブランディングの方法が属人的」であるという問題です。言葉の定義は、時代の変化に合わせて揺れ動くものではありますが、クリエイティブに関わる言葉は特に、人によって認識のバラツキが大きいと感じていました。

また、社内にはブランディングの事例が多くあるものの、その方法は属人的で体系化されているものがありませんでした。これらにより、チームや企業の担当者と共通認識を持つことが難しかったのです。

これら二つの問題を受けて、自分なりの解釈と方法をまとめたいと思うようになり、本を書くことになりました。その結果まとめたのが本書『デザインを、経営のそばに。』です。

本を書くにあたり、クリエイティブに使う言葉や方法は概念的なものが多く、誰もがわかるように言語化するのはとても難しいことに気づかされることになりました。特に、コンセプトの部分の定義は、先輩のクリエイティブディレクターである山田壮夫さんの力を借りてなんとかまとめることができました。

また、自分のモヤモヤとした問題意識を言語化するために、経営や経済、哲学に関わるたくさんの本を読みました。特に影響を受けたのは山口周さんの『世界のエリートはなぜ「美意識」を鍛えるのか？　経営における「アート」と「サイエンス」』（光文社）です。美意識は経営の力になるという論理的な説明を通じて、私が叶えたいと思っていることは、今の日本企業に必要なことだと、確信を持つことができるようになりました。

長い文章をほとんど書いたことがなかったため、ここまで整理するのは想像以上に大変でしたが、私が考えていることはほぼすべて、書くことができたのではないかと思います。

自分の仕事を体系化するプロセスを経て、改めて自分の人生を振り返ることにもっながりました。会社の先輩、クライアントの皆さん、チームメンバーなど、本当にたくさんの人に育ててもらい、支えてもらってきた、ということを実感しました。

これまで私と一緒に仕事に取り組んできてくださった、すべての皆さまへ感謝いたします。

最後になりますが、このような機会をくださった編集者の金山 哲也さん、そして執筆作業を応援し内容の整理に付き合ってくれた夫の青田 剛に感謝いたします。

私自身も、デザインで未来をよりよく変えていけるよう、全力で取り組んでいきたいと思います。

八木 彩

## スタッフリスト

クライアント‥‥クラシエ

案件名‥‥いち髪 パッケージデザイン

制作年‥‥2019年

クリエイティブディレクター‥‥安達 和英（電通）

コピーライター‥‥福岡 万里子（電通）

アートディレクター‥‥八木 彩（電通）

デザイナー‥‥木ノ上 美香（バウ広告事務所）

イラストレーター‥‥宇那手 有子

クリエイティブプロデューサー‥‥北爪 英理子（電通クリエーティブフォース）

ビジネスプロデューサー‥‥鈴木 彩花（電通）

フォトグラファー‥‥横浪 修

フォトプロデューサー‥‥志村 悠介（志村事務所）

クライアント‥‥クラシエ

案件名‥‥いち髪 ナチュラルケアセレクト

制作年‥‥2018年

クリエイティブディレクター、コピーライター‥‥外﨑 郁美（電通）

コピーライター‥‥濱田 彩（電通）

アートディレクター‥‥八木 彩（電通）

デザイナー‥‥下山 佳世子、柏崎 桜（ジェ・シー・スパーク）

クリエイティブプロデューサー‥‥北爪 英理子（電通クリエーティブフォース）

ビジネスプロデューサー‥‥井前 和博（電通）

フォトグラファー‥‥瀧本 幹也（瀧本幹也写真事務所）

ヘアメイク‥‥小西 神士（band）

フォトプロデューサー‥‥志村 悠介（志村事務所）

コーディネーター‥‥小川 真澄（Revlon）

クライアント‥‥新潟県糸魚川市

案件名‥‥石のまち糸魚川

制作年····2021年

クリエイティブディレクター····若林 宏保（電通）

コピーライター····外﨑 郁美（電通）

アートディレクター····八木 彩（電通）

クリエイティブプロデューサー····宮崎 暢（電通）

ビジネスプロデューサー····石嶋 隆浩（電通東日本）

アートワーク····tupera tupera

デザイナー····河西 郁生、高 宜文（プラグ）

フォトグラファー····片村 文人（片村文人写真事務所）

フォトプロデューサー····志村 悠介（志村事務所）

ディレクター····高橋 一生（TOKYO management）

アニメーター····永井 聖香、滝沢 ゆり（ピクス）

オフラインエディター····松岡 勇磨（太陽企画株式会社）

音楽：福島 節と渚（Ongakushitsu Inc.）

プロデューサー····池田 了（ピクス）

プロダクションマネージャー····滝沢 ゆり、永井 聖香（ピクス）

クライアント····コージー本舗

案件名····DOLLY WINK EASY LASH

制作年····2019年

ブランドプロデューサー····益若 つばさ

クリエイティブディレクター····外﨑 郁美（電通）

アートディレクター····八木 彩、石崎 莉子（電通）

ストラテジックプランナー····阿佐見 綾香（電通）

コピーライター····鎌田 明里（電通）

PR戦略プランナー····辰野 アンナ（電通）

ビジネスプロデューサー····池谷 亮人（電通）

デザイナー····白木 久美子、葛西 瑠璃子（ネスト）

イラストレーター····土谷 尚武

クライアント····コージー本舗

案件名····DOLLY WINK MY BEST MASCARA パッケージデザイン

制作年‥‥2023年

ブランドプロデューサー‥‥益若 つばさ

クリエイティブディレクター、コピーライター‥‥外﨑 郁美（電通）

アートディレクター‥‥八木 彩（電通）

ストラテジックプランナー‥‥阿佐見 綾香（電通）

PR戦略プランナー‥‥辰野 アンナ（電通）

ビジネスプロデューサー‥‥東 亜理沙（電通）

デザイナー‥‥宮 芙蓉、工藤 真輝（J2 COMPLEX）

イラストレーター‥‥土谷 尚武

クライアント‥‥コージー本舗

案件名‥‥DOLLY WINK MY BEST MASCARA　ポスター

制作年‥‥2023年

ブランドプロデューサー‥‥益若 つばさ

クリエイティブディレクター、コピーライター‥‥外﨑 郁美（電通）

アートディレクター‥‥八木 彩（電通）

ストラテジックプランナー‥‥阿佐見 綾香（電通）

PR戦略プランナー‥‥辰野 アンナ（電通）

ビジネスプロデューサー‥‥東 亜理沙（電通）

デザイナー‥‥宮 芙蓉、工藤 真輝（J2 COMPLEX）

イラストレーター‥‥土谷 尚武

フォトグラファー‥‥福岡 秀敏（WHITNEY）

スタイリスト‥‥杉本 学子（WHITNEY）

ヘア‥‥平川 陽子（mod'shair）

メイク‥‥ANNA（S-14）

モデル‥‥EVA（WIZARDMODELS）

レタッチャー‥‥福永 剛志（VITA）

フォトプロデューサー‥‥志村 悠介（志村事務所）

クライアント‥‥ケミコスクリエイションズ

案件名‥‥ケミコスクリエイションズ ポスター

制作年‥‥2015年

アートディレクター・・・・八木 彩（電通）

コピーライター・・・・木下 さとみ（電通）

デザイナー・・・・船山 聡志（ジェ・シー・スパーク）

クリエイティブプロデューサー・・・・石渡 舞（電通クリエーティブフォース）

フォトグラファー・・・・阪野 貴也（阪野貴也写真事務所）

イラストレーター・・・・黒田 潔（KABWA）

ヘアメイク・・・・小林 照子、関野 里美（フロムハンドメイクアップアカデミー）

レタッチャー・・・・望月 洋輔、小野 隼人（tecono）

フォトプロデューサー・・・・志村 悠介（横浜スーパーファクトリー）

製版・・・・日庄

クライアント・・・・多摩市・UR都市機構

案件名・・・・多摩ニュータウン

制作年・・・・2022年

クリエイティブディレクター・・・・若林 宏保（電通）

アートディレクター、プランナー・・・・八木 彩（電通）

コピーライター、プランナー・・・・串 大輝（電通）

クリエイティブプロデューサー・・・・宮崎 暢（電通）

デザイナー・・・・木村 学（プラグ）

ディレクター・・・・高橋 一生（TOKYO management）

フォトグラファー・・・・高橋 一生（TOKYO management）

エディター・・・・松岡 勇磨（太陽企画株式会社）

アニメーター・・・・今津 良樹

ナレーター・・・・寝占 友梨絵（THE HOUSE）

音楽・・・・戸波 和義、葛谷 圭介（YUGE inc.）

MA・・・・吉川 貴人

出演・・・・宇都宮 琴音、藤井 大樹（大樹バイオリン工房　Liuteria Oki）、
市川 格（TAMA tumuji WERKS.）、まつかわ ひろのり（HUGSY DOUGHNUT）、
北村 千里（CICOUTE BAKERY）、横溝 惇（スタジオメガネ）

プロデューサー・・・・池田 了（ピクス）

制作進行・・・・滝沢 ゆり（ピクス）

クライアント・・・・電通

案件名・・・・DENTSU RECRUIT 2020

制作年・・・・2019年

クリエイティブディレクター・・・・郡司 音（電通）

コピーライター・・・・多田 秀彰、岩田 泰河、諸星 智也（電通）

エディター・・・・加藤 将太（OVER THE MOUNTAIN）

アートディレクター・・・・八木 彩、永井 淳也（電通）、北原 可菜（Cumu）

デザイナー・・・・徳原 賢弥、高 宣文（プラグ）、北原 可菜、太田 保奈美、
小林 慎太郎（Cumu）

イラストレーター・・・・海道 建太

クライアント・・・・トリコ

案件名・・・・FUJIMI

制作年・・・・2023年

クリエイティブディレクター、アートディレクター・・・・八木 彩（電通）

戦略コンサルタント・・・・濱脇 賢一（MIMIGURI）

デザイナー（グラフィック）・・・・白木 久美子、小田倉 未来、Elian Liu（トリコ）

デザイナー（WEB）・・・・今北 舞（KON）、岡田 七海（トリコ）

コピーライター（ステートメント）・・・・大久保 潤也（MIMIGURI）

コピーライター（FUJIMI MIRROR）・・・・李 和淑（スプリング）

フォトグラファー（モデル）・・・・尾身 沙紀（io inc）

メイク・・・・UDA（mekashi project）

ヘア・・・・Nori Takabayashi（YARD）

スタイリスト・・・・佐藤 里沙（BE NATURAL）

レタッチャー・・・・小室 奏子（KOYL LLC.）

モデル・・・・ Ura（BE NATURAL）

フォトグラファー（花）・・・・大矢 真梨子

フォトグラファー（商品）・・・・櫻田 亨

フォトプロデューサー・・・・志村 悠介（志村事務所）

イラストレーター・・・・白尾 可奈子（vison track）

クライアント‥‥トリコ

案件名‥‥GINZUBA

制作年‥‥　2023年

クリエイティブディレクター、アートディレクター‥‥八木 彩（電通）

コピーライター（ステートメント）‥‥小藥 元（meet & meet）

デザイナー（グラフィック）‥‥木村 学（プラグ）、白木 久美子（トリコ）

デザイナー（WEB）‥‥今北 舞（KON）

フロントエンドエンジニア‥‥三登 健太郎

フォトグラファー（モデル）‥‥伊藤 彰紀（aosora）

ヘア‥‥Nori Takabayashi（YARD）

メイク‥‥津田 雅世（mod's hair）

スタイリスト‥‥仙波 レナ

レタッチャー‥‥須戸 徹（whiteSTOUT）

キャスティング‥‥永塚 真希子（ニーズプラス）

モデル‥‥IO（TOMORROW TOKYO）

フォトグラファー（商品）‥‥櫻田 亨

フォトプロデューサー‥‥志村 悠介（志村事務所）

【著者紹介】
**八木　彩**（やぎ・あや）
◉——アートディレクター
◉——1985年兵庫県生まれ。武蔵野美術大学 視覚伝達デザイン学科を卒業後、電通へ入社。クリエーティブ局に所属し、クラシエ、資生堂、大塚製薬、サントリーホールディングス、日本コカ·コーラ、カゴメ、ファーストリテイリング、三井不動産、三井住友銀行など様々な企業の広告企画制作を担当。その後、社内横断組織Future Creative Centerに所属し、ブランディングデザインに携わる。2023年に独立し、アレンス株式会社を設立。現在は、ブランディングデザインを専門とし、コンセプト開発・商品開発からコミュニケーション設計までを、アートディレクションを軸に、トータルで手掛けている。受賞歴として、NY ADC賞、ADFEST、ACC賞などがある。

ホームページ
arence.jp

メールアドレス
info@arence.jp

**デザインを、経営《けいえい》のそばに。**

2024年1月5日　　第1刷発行

著　者——八木　彩
発行者——齊藤　龍男
発行所——株式会社かんき出版
東京都千代田区麴町4-1-4 西脇ビル　〒102-0083
電話　営業部：03(3262)8011㈹　編集部：03(3262)8012㈹
FAX　03(3234)4421　　振替　00100-2-62304
https://kanki-pub.co.jp/
印刷所——図書印刷株式会社

　ISBN978-4-7612-7713-0 C0034